Michaela Lambrecht

Falten, Schneiden, Malen in der Kita & Vorschule

Feinmotorik, Konzentration & Ausdauer fördern mit 10 kompletten Basteleinheiten zum sofort Loslegen

Auer

Quellennachweis:

S. 60 oben: www.adobe.stock.com/arthurhidden
S. 60 unten: www.adobe.stock.com/VladimirMelnikov

Wir haben uns für die Schreibweise mit dem Sternchen entschieden, damit sich Frauen, Männer und alle Menschen, die sich anders bezeichnen, gleichermaßen angesprochen fühlen. Aus Gründen der besseren Lesbarkeit für die Schüler*innen verwenden wir in den Kopiervorlagen das generische Maskulinum. Bitte beachten Sie jedoch, dass wir in Fremdtexten anderer Rechtegeber*innen die Schreibweise der Originaltexte belassen mussten.

In diesem Werk sind nach dem MarkenG geschützte Marken und sonstige Kennzeichen für eine bessere Lesbarkeit nicht besonders kenntlich gemacht. Es kann also aus dem Fehlen eines entsprechenden Hinweises nicht geschlossen werden, dass es sich um einen freien Warennamen handelt.

1. Auflage 2023

Autor*innen: Michaela Lambrecht
Covergestaltung: julaila-design – Julia Niedermeier, München
Illustrationen: Corina Beurenmeister
Satz: fotosatz griesheim GmbH, Griesheim
Druck und Bindung: Korrekt Nyomdaipari Kft.
ISBN 978-3-403-**08787**-8

www.auer-verlag.de

Inhaltsverzeichnis

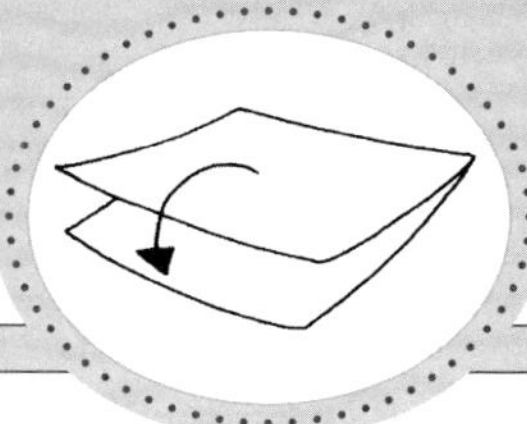

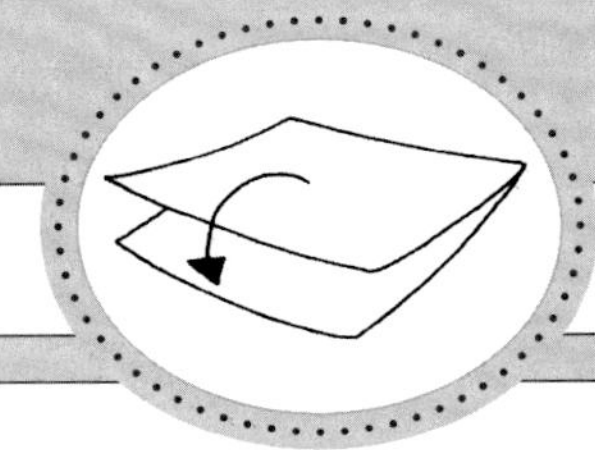

Über die Autorin
Als Sozialpädagogin und Erzieherin mit vielen Jahren praktischer Berufserfahrung in Kita und Krippe als Einrichtungsleitung habe ich gemerkt, dass es große Unterschiede bei den Kindern gibt. Während manche Kinder sehr häufig basteln, malen, schnipseln, finden sich andere Kinder nur nach Aufforderung in der Bastelecke ein und haben auch keinen Spaß am Gestalten. Mir war es bei der Erstellung dieses Buches wichtig, alle Kinder zum Falten zu motivieren und Erfolgserlebnisse zu schaffen. Wichtig ist einfach, damit zu beginnen.
Mehr über mich als Autorin gibt es auf *www.Fitmachtschlau.de*
und auf Instagram: *fitmachtschlau*

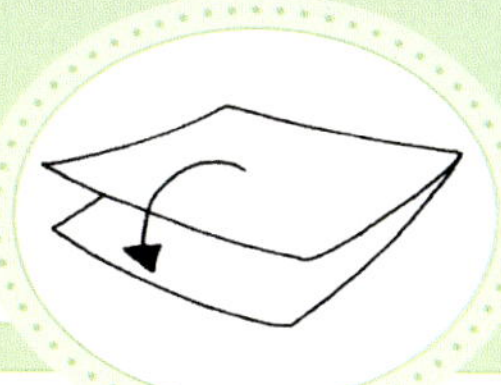

In allen Bildungsplänen für die Kita ist die Förderung der Feinmotorik fest verankert. Kinder benötigen feinmotorische Kompetenzen, wenn sie im Kita- und Schulalltag erfolgreich sein möchten. Auch im Leben sind diese Kompetenzen gefragt. Mit der Feinmotorik geht die Auge-Hand-Koordination einher, oft müssen bei Tätigkeiten Hand und Auge erfolgreich zusammenarbeiten. Dieses Teamwork kann durch die Übungen in diesem Band gut trainiert werden.

Durch die Angebote erhalten Sie einfache, fertig ausgearbeitete Gestaltungsideen zu Förderung der Feinmotorik, vom Einstieg bis zur Ergebnispräsentation, die schnell umgesetzt werden können und Ihnen und den Kindern großen Spaß machen. Ganz nebenbei trainieren die Kita-Kinder weitere Vorläuferfähigkeiten, die die Kinder in der Kita und in der Grundschule dringend benötigen. Achten Sie bitte auf die Händigkeit der Kinder und stellen Sie entsprechende Materialien und Arbeitswerkzeuge bereit.

Genaues Arbeiten: Beim Falten kommt es auf genaues Arbeiten an, je genauer die einzelnen Faltschritte durchgeführt werden, desto besser gelingt das Faltstück. Das gilt auch für das Schneiden. Dabei werden Geschicklichkeit und Fingerfertigkeit trainiert, die sich durch intensives Üben nach und nach einstellen. Besonders hilfreich ist das Falten, Schneiden und Malen deshalb auch für die Stärkung von Geduld und Ausdauer. Manchmal benötigt es einiges an Zeit, bis ein Faltstück fertiggestellt ist. Nicht immer gelingt jeder einzelne Faltschritt auf Anhieb, Geduld und Frustrationstoleranz sind gefragt, will man das Werk dennoch fertigstellen. Ganz nebenbei wird auch das Gedächtnis trainiert, wenn die Kinder eigenständig die Faltwerke nachfalten.

Fantasie und Kreativität: Durch Falten, Schneiden und Malen werden die Fantasie und die Kreativität der Kinder gefördert. Sie lernen, eigene Ideen einzubringen und diese bei Bedarf vorzustellen und auch zu verteidigen.

Soziales Lernen: Die Kinder können sich im Prozess des Faltens oder Schneidens gegenseitig unterstützen, indem sie anderen beim Schneiden und bei den einzelnen Faltschritten helfen, wenn sie bereits fertig sind und andere Kinder Hilfe benötigen. Durch die Gemeinschaftsprojekte wird zudem das Zusammengehörigkeitsgefühl der Gruppe und die Kooperation untereinander gefördert. Alle erleben, dass jedes Kind und auch alle Erwachsenen andere Stärken und Schwächen haben.

Mathematische Kompetenzen: Beim Falten werden ganz nebenbei erste mathematische Kompetenzen angebahnt, mathematische Grundlagen vermittelt und Fachbegriffe genutzt. Das kann den Kindern den Einstieg in das Fach Mathematik der Grundschule erleichtern.

Stichwort Elterneinbindung: Oft kommen Eltern auf Sie zu, weil sie nicht wissen, wie sie zur Förderung ihrer Kinder einfach betragen können. Wenn die Fragen der Eltern die Punkte Feinmotorik, Konzentration oder Ausdauer betreffen, bieten Sie ihnen einfach die thematisch passenden Bastelideen für Eltern aus diesem Band an. Ohne große Vorkenntnisse können die Eltern diese mit ihren Kindern zu Hause umsetzen.

Schon immer habe ich gerne gefaltet. Eine Weile lang habe ich sogar jede Woche einen Origami-Faltabend besucht. Auch in der Kita habe ich seit jeher gerne mit den Kindern gemalt, geschnitten und gefaltet. Dabei konnte ich folgende Erfahrungen machen: Sie können die Kinder in zwei Gruppen teilen. Eine Gruppe faltet gerne und viel, sowohl in der Kita als auch zu Hause, sie ist leicht zu begeistern. Die zweite Gruppe besteht aus Kindern, die nicht gerne falten, weil sie Schwierigkeiten haben, ihre Faltungen umzusetzen. Ich möchte hier ansetzen und die erste Gruppe durch ansprechende Bastelideen für die Einzel- und Gemeinschaftsarbeit weiter motivieren. Ich möchte die zweite Gruppe abholen, ihnen Basics im Falten, Schneiden und Malen vermitteln und sie zum vertiefenden Gestalten anregen. Das Malen, Schneiden und insbesondere Falten soll allen Spaß machen. Wir können in der Kita viel dazu beitragen, dass dies gelingt. Ganz wichtig ist dabei Ihre eigene Einstellung: Gehen Sie kurz in sich! Haben Sie als Kind in der Kita gerne gefaltet oder haben Sie damals negative Erfahrungen gemacht? Falten Sie in der Kita gerne mit den Kindern oder ist dies eher ein notwendiges Übel? Werden Sie schnell ungeduldig, wenn Ihnen oder den Kindern Faltungen beim Basteln nicht gleich gelingen? Meiden Sie in Ihrer täglichen Praxis deshalb Einheiten mit Papier, Schere und Stift? Dann gebe ich Ihnen einen Tipp: Nur Mut, Falten ist größtenteils Übung. Und jeder kann mit der einfachsten Variante beginnen. So gibt es in diesem Buch verschiedene Schwierigkeitsstufen. Es gibt also für jedes Kind die geeignete Übung, um Erfolg zu haben. Es werden keine Einzelarbeiten präsentiert. Jedes Kind darf sich seine Faltungen zu einem eigenen Kunstwerk zusammenstellen und dieses mit nach Hause nehmen. Weitere Faltungen werden dann zu Gemeinschaftsbildern zusammengestellt. Bei diesen Aktionen können die Kinder individuell entscheiden, wie sie sich einbringen: Sie tragen entweder eine Faltung zum Gemeinschaftswerk bei oder gestalten mit anderen Kindern den Hintergrund des gemeinsamen Kunstwerks. Wichtig ist es mir, alle Kinder einzubinden und ihre Fähigkeiten und Talente anzuerkennen. Besonders im Hinblick auf den Übertritt stärkt das Falten die wichtigen Vorläuferfähigkeiten, die Kinder in der Grundschule unbedingt benötigen.

Bewusst habe ich für jedes Faltthema einen Einstieg gewählt, der keinen direkten Zusammenhang zum Gestalten hat, so gelingt es, alle Kinder positiv und unvoreingenommen auf das Thema einzustimmen und sie dafür zu begeistern. Die Faltthemen habe ich gezielt an den Interessen von Kita-Kindern ausgerichtet. Um ein gutes Meinungsbild zu erhalten, habe ich Kita-Kinder direkt befragt. Sie können die einzelnen Übungen nach Interesse der Kinder auswählen oder sie in den Jahreslauf einbinden. Alle Übungen sind von mir und von Kindern der Altersgruppe mehrfach erprobt worden, nur gelingsichere Projekte haben es in das Buch geschafft.

Dadurch, dass die Faltungen nicht einzeln aufgehängt werden, werden keine Kinder bloßgestellt, weil ihr Werk vielleicht nicht so exakt ist wie bei anderen Kindern. Passen Sie Ihr Arbeiten an das Alter und die Möglichkeiten Ihrer Gruppe an, Sie müssen innerhalb der einzelnen Projekte beispielsweise nicht alle Figuren falten. Auf dem Bauernhof können Sie zum Beispiel mit den Kindern ausgewählte Tiere falten, einige Kinder falten Ponys, andere Hühner. So wird niemand durch zu viele verschiedene Faltungen überfordert.

Sie finden außerdem weitere Vorlagen für das Falten, Schneiden oder Malen im Elternhaus. Sie können diese einfach kopieren und an die Eltern verteilen.

Mein wichtigstes Ziel ist es, dass die Kinder Spaß am Falten haben, lernen sich zu konzentrieren und auch Geduld aufbringen, wenn etwas nicht gleich auf Anhieb gelingt. Ich wünsche Ihnen und Ihren Kindern viel Spaß bei der Umsetzung.

Ihre Michaela Lambrecht

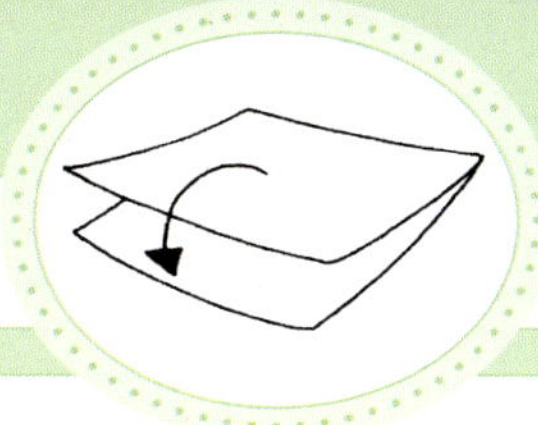

Praktische Tipps, die das Falten erleichtern

- Falten Sie das Wunschstück zuerst selbst. Sind die einzelnen Schritte nachvollziehbar? Gelingt Ihnen die Faltung? Sollten Sie beim Falten merken, dass das Angebot für Ihre Gruppe zu schwer ist oder die Kinder zu lange benötigen würden, wählen Sie besser etwas anderes aus.
- Falten Sie ein Anschauungsobjekt zur Ansicht. Es ist für Kinder einfacher zu falten, wenn sie sehen, wie etwas aussehen wird.
- Arbeiten Sie in Kleingruppen, die maximal aus sechs Kindern bestehen, so können Sie jedes Kind einzeln unterstützen.
- Verwenden Sie immer das größtmögliche Faltpapier, so können die einzelnen Faltschritte einfacher durchgeführt werden.
- Jeder Faltschritt wird gemeinsam durchgeführt. Erst wenn alle Kinder den jeweiligen Faltschritt durchgeführt haben, wird weitergefaltet. Helfen Sie den Kindern bei komplizierten Schritten oder motivieren Sie die Kinder, sich gegenseitig zu helfen. Sonst sind die ersten Kinder bereits fertig und andere haben gerade die Hälfte geschafft. Sprechen Sie die einzelnen Schritte in einfachen, immer gleichen Worten vor. Dann schleifen sich die Vorgänge gut ein.
- Achten Sie darauf, dass alle Kinder am Tisch und nicht in der Luft falten, so werden die Faltungen genauer.

Was brauche ich zum Falten und Basteln?

- Faltpapiere in verschiedenen Farben, möglichst groß
- Eine gute Schere (für die individuelle Händigkeit ausgewählt)
- Materialschälchen für jedes Kind
- ausreichend Platz am Tisch zum Falten
- genügend Zeit
- alle individuellen Materialien, die bei jeder Faltidee angegeben sind
- Weitere Materialien zum Falten, Basteln und Malen, wie Wassergläser, Kittel für die Kinder, Unterlagen zum Schutz des Tisches etc.

Kategorie: Falten und Malen

Einstieg: Frühlingsblumentanz mit farbigen Chiffontüchern

Das wird benötigt: Für jedes Kind ein farbiges Chiffontuch, entweder in Gelb, Orange oder Rot
Musikalische Begleitung: La Primavera – Der Frühling, Antonio Vivaldi

Wenn die Sonne beginnt zu scheinen, dann ist es auch für unsere bunten Frühlingsblumen Zeit, aufzuwachen.
Alle Kinder dürfen ihre Hände nach oben strecken und laut gähnen.

Langsam recken und strecken sich alle Blumen.
Sie öffnen ihre wunderschönen Blütenkelche.
Zuerst öffnen alle gelben Blumen ihre Blütenkelche,
Alle Kinder mit einem gelben Chiffontuch breiten ihre Arme zur Seite aus.

danach alle orangenen Blütenkelche
Alle Kinder mit einem orangenen Chiffontuch breiten ihre Arme zur Seite aus.

und ganz zum Schluss öffnen alle roten Tulpen die Blütenkelche.
Alle Kinder mit einem roten Chiffontuch breiten ihre Arme zur Seite aus.

Sie wiegen sie im Wind hin und her.
Alle machen Wiegebewegungen mit dem Körper.

Sie drehen sich
Alle drehen sich einmal linksherum und einmal rechtsherum im Kreis.

und wenn es dunkel wird,
schließen alle Blumen wieder ihre Blütenkelche.
Zuerst schließen die gelben Blumen ihre Blütenkelche,
Alle Kinder mit gelbem Chiffontuch breiten ihre Arme noch einmal aus und schließen sie dann wieder.

dann die orangenen Blumen
Alle Kinder mit orangem Chiffontuch breiten ihre Arme noch einmal aus und schließen sie dann wieder.

und dann die roten Blumen.
Alle Kinder mit rotem Chiffontuch breiten ihre Arme noch einmal aus und schließen sie dann wieder.

Faltanleitung Tulpe (einfach)

Das wird benötigt: quadratisches Faltpapier in Gelb, Orange und Rot

(1) Ein quadratisches Faltpapier diagonal zu einem Dreieck falten. 	(2) Das entstandene Dreieck mit der Spitze nach oben vor sich hinlegen. Es wird nun noch einmal von der linken zur rechten Spitze gefaltet. Ein kleineres Dreieck ist entstanden. 
(3) Die letzte Faltung wieder öffnen. 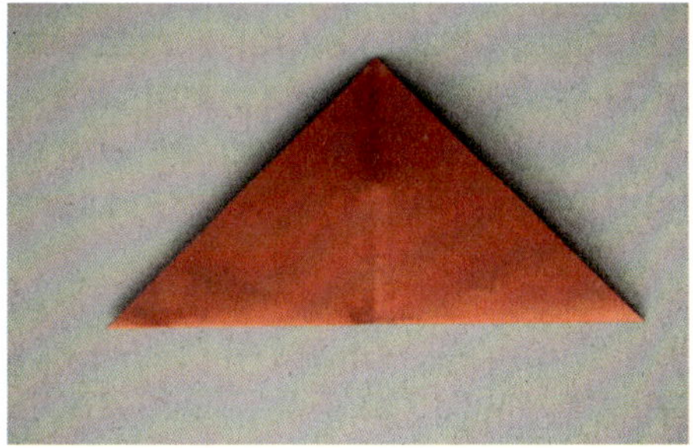	(4) Jetzt die rechte Spitze nicht ganz bis zur Mitte nach oben falten. Die linke Spitze ebenfalls nicht ganz bis zur Mitte leicht schräg nach oben falten. 
(5) Fertig ist die Tulpenblüte! 	

Faltanleitung Schmetterling (einfach)

Das wird benötigt: quadratisches Faltpapier in Gelb oder in einer Wunschfarbe
Schere, schwarzer Stift, Kleber oder Klebstift, Fotokarton oder Tonpapier,
Farbe nach Wahl, Pfeifenputzer

① Ein quadratisches Faltpapier diagonal zu einem Dreieck falten. 	② Das entstandene Dreieck wird noch einmal von der linken Spitze zur rechten Spitze gefaltet. Ein kleineres Dreieck ist entstanden. 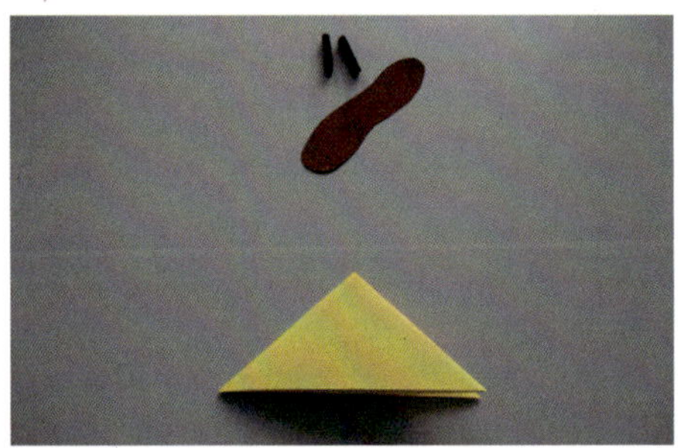
③ Die letzte Faltung wieder öffnen. 	④ Beide Spitzen werden nacheinander zur Mittellinie gefaltet. 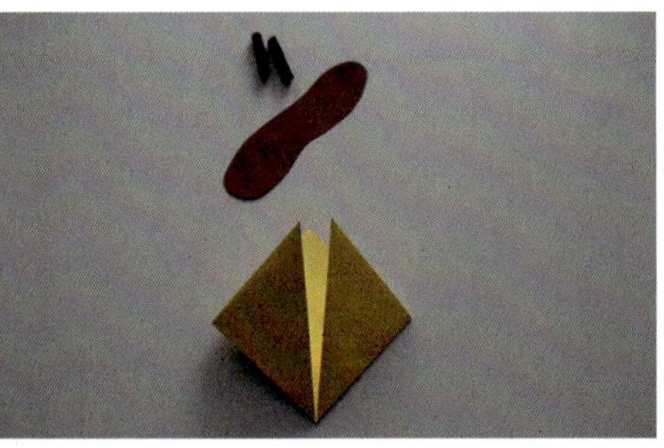
⑤ Zum Abschluss werden beide Seiten wieder zurück zu den Rändern gefaltet. Fertig ist der erste Flügel! 	⑥ Auf dieselbe Weise wird der zweite Flügel gefaltet. 

⑦ Mit schwarzem Stift den Schmetterlingskörper auf den Fotokarton bzw. auf das Tonpapier aufzeichnen und ausschneiden.

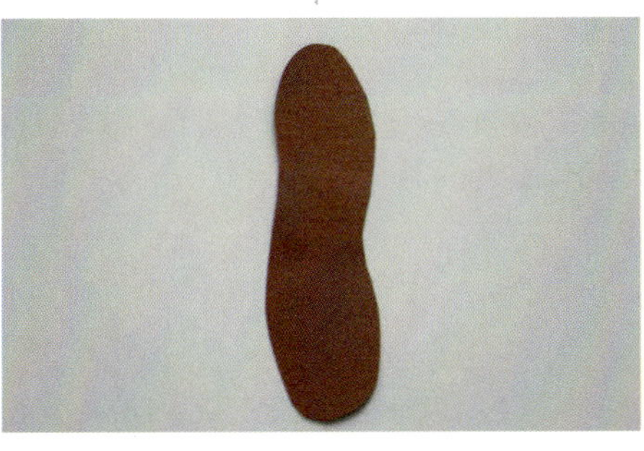

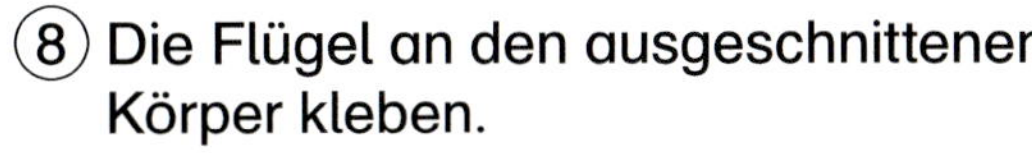

⑧ Die Flügel an den ausgeschnittenen Körper kleben.

⑨ Die Flügel nach Belieben mit Punkten bemalen.

⑩ Aus einem Pfeifenputzer können noch Fühler gestaltet werden. Fertig ist der Schmetterling!

Faltanleitung Marienkäfer (mittel)

Das wird benötigt: rotes quadratisches Faltpapier
rundes Glas, Schere, Kleber, schwarzer Stift, Wackelaugen,
schwarze Pfeifenputzer

① Zuerst wird eine waagrechte Linie gefaltet.

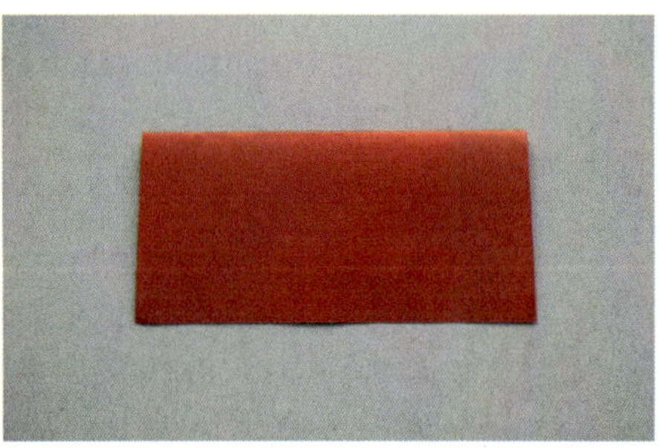

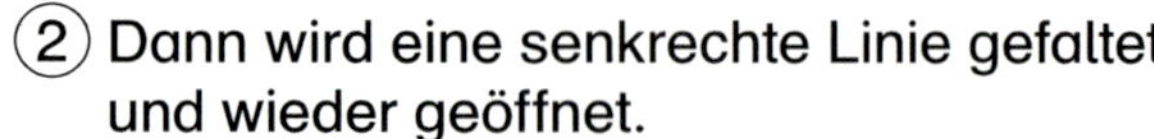

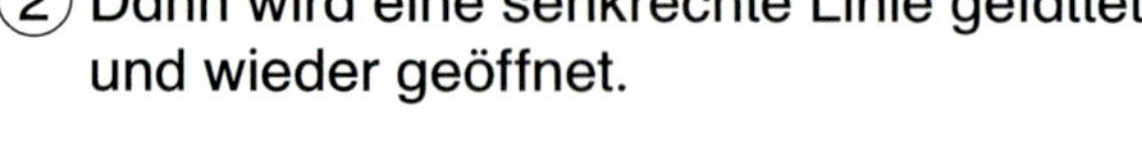

② Dann wird eine senkrechte Linie gefaltet und wieder geöffnet.

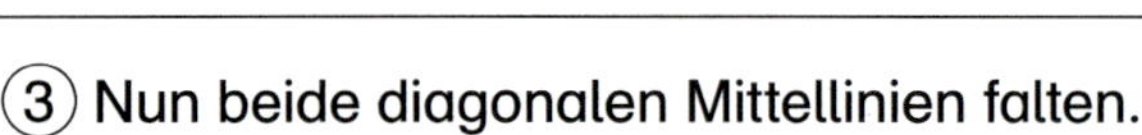

③ Nun beide diagonalen Mittellinien falten.

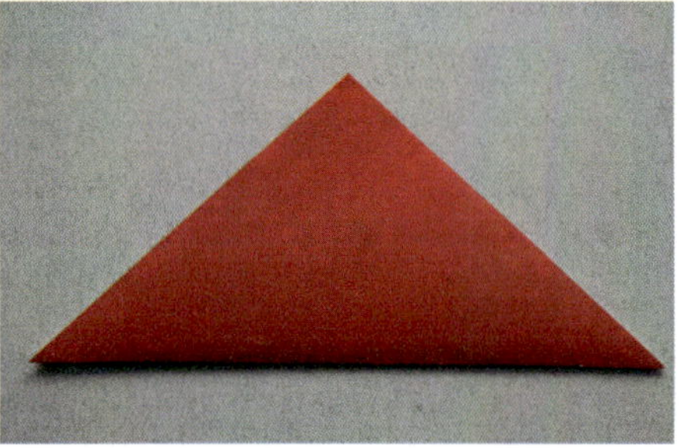

④ Jetzt wird es etwas kompliziert. Das Papier öffnen, mit der Unterseite nach oben hinlegen, die Faltlinien ggf. noch einmal nachfahren und das Papier zusammenschieben.

⑤ Ein doppellagiges Dreieck entsteht.

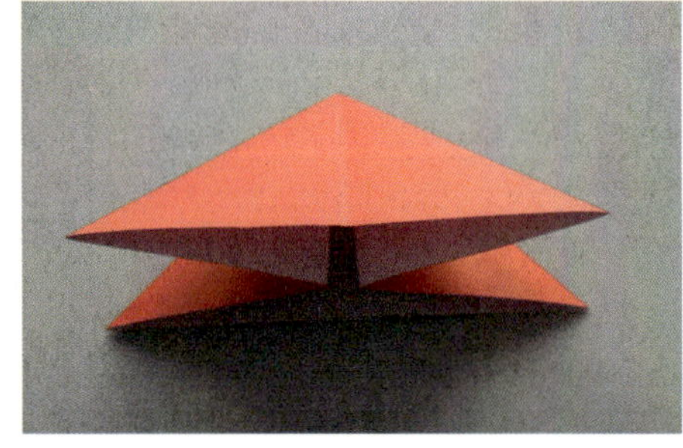

⑥ Das Dreieck drehen, die Spitze zeigt nach unten. Ein in der Größe passendes Glas wird auf das Papierdreieck gestellt und mit dem Stift nachgezeichnet, die Zeichnung an der Linie ausschneiden.

(7) Mit dem schwarzen Stift die Punkte und die Schnauze aufmalen. Wackelaugen aufkleben. 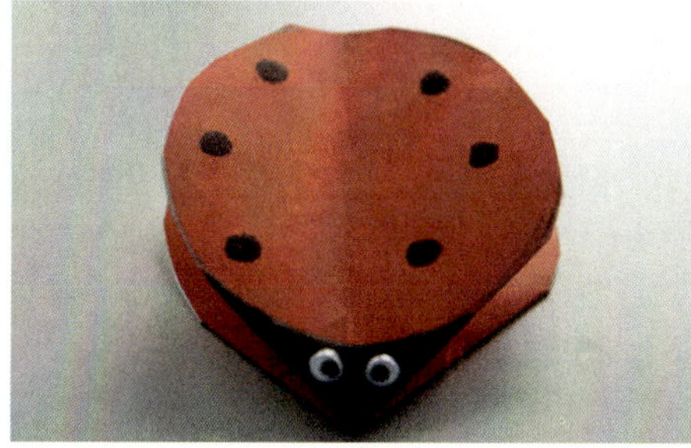	(8) Den Pfeifenputzer für die Beine des Marienkäfers zurechtschneiden. Für den Marienkäfer benötigt man drei gleich lange Pfeiferputzerteile, die beidseitig etwas über den Rand hinausstehen. 
(9) Die Pfeifenputzer auf die Rückseite des Marienkäfers kleben. 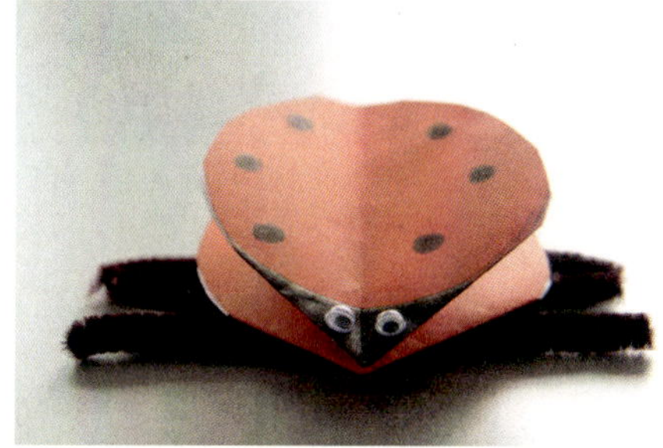	(10) Fertig ist der Marienkäfer! 

Präsentation der Einzelarbeit: Meine Tulpe

Das wird benötigt: weißes oder dunkelgrünes Papier, hellgrüne Wasserfarbe, Pinsel

Auf weißes oder dunkelgrünes Papier können die Kinder ihre Tulpe aufkleben und einen hellgrünen Stil mit Wasserfarbe malen.

Präsentation der Gemeinschaftsarbeit: Frühlingswiese

Das wird benötigt: Fotokarton in Weiß oder Hellblau
grüne Wasserfarbe, Pinsel, Schwamm, Kleber

Die untere Hälfte eines großen, weißen oder hellblauen Fotokartons mit einem Schwamm und mit grüner Wasserfarbe als Wiese bedrucken. Die bunten Tulpen werden mit Kleber in der Wiese fixiert. Ergänzend können einige Marienkäfer aufgeklebt werden und in der Luft fliegen Schmetterlinge. Diese ebenfalls mit Kleber auf dem Karton befestigen.

Kategorie: Falten, Malen, Schneiden und Kleben

Einstieg: Urlaub am Meer

Das wird benötigt: Regenmacher, blaue Chiffontücher, Muscheln, kleine Matten/Sitzkissen
Musikalische Begleitung: Meeresrauschen (Audio-CD oder YouTube-Video)

Legen Sie in die Mitte eines Sitzkreises (mit kleinen Matten/Sitzkissen) mit blauen Chiffontüchern ein Bodenbild. Die Tücher stellen das Meer dar, Sie ergänzen Muscheln.
Alle Kinder legen sich bequem auf die Matten/Sitzkissen und lauschen der Geschichte.
Sie lauschen dem Meeresrauschen.

Stelle dir vor, du machst mit deiner Familie einen Urlaub am Meer. Das Wetter ist wunderschön und es ist sehr heiß.

Gemeinsam machst du mit Papa und deinem Geschwisterkind einen Spaziergang am Meer.
Ihr wollt gemeinsam Muscheln suchen.

Ihr geht am Strand entlang. Es ist so schön, dem Rauschen der Wellen zuzuhören. Die Wellen berühren deine Füße. Mal sind die Wellen klein und manchmal sind die Wellen sehr groß.

Du bückst dich immer wieder, um Muscheln zu sammeln. Du findest große und ganz kleine Muscheln. Alle Muscheln, die dir gefallen, legst du in einen Eimer. Wie sehen deine Lieblingsmuscheln aus? Stelle es dir genau vor!

Jetzt ist es Zeit, wieder umzukehren. Es war ein wunderschöner Spaziergang am Strand.

Sie können das Meeresrauschen nur zu Beginn oder auch beim Lesen der Geschichte abspielen oder mit einem Regenmacher das Meeresrauschen imitieren.

Faltanleitung einfaches Segelschiff (sehr einfach)

Das wird benötigt: Quadratisches Faltpapier / Origamipapier

① Das Blatt wird vor sich hingelegt. Die Spitzen zeigen nach oben und unten. 	② Das Blatt wird zu einem Dreieck gefaltet und senkrecht aufgestellt. 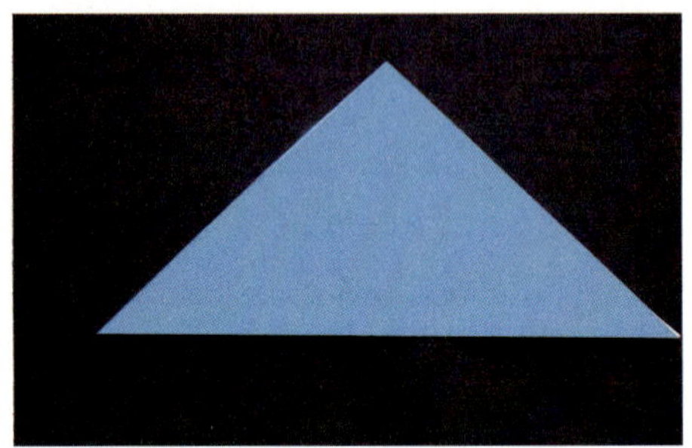
③ Die untere Spitze wird nun ungefähr bis zur Hälfte oder etwas höher nach oben gefaltet (siehe Linie). Nun nur noch das Schiff umdrehen! 	④ Fertig ist ein einfaches Segelschiff! 

Tipp: Dieses Segelschiff eignet sich sehr gut, wenn Kinder im Freien Spiel eigenständig kreativ sein möchten.

Faltanleitung Boot (mittel)

Das wird benötigt: DIN-A4-Papier

① Das Papier liegt im Hochformat und wird von oben nach unten gefaltet.

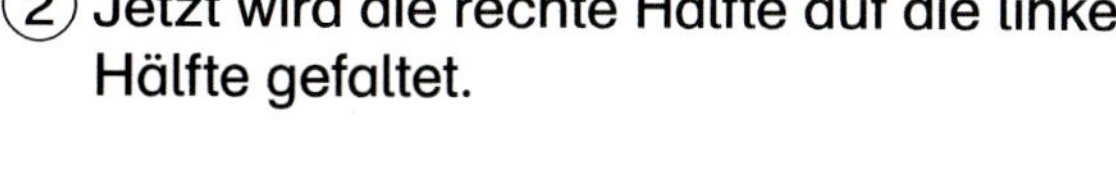

② Jetzt wird die rechte Hälfte auf die linke Hälfte gefaltet.

③ Die Faltung wird wieder geöffnet.

④ Die obere linke Ecke wird zur Mitte gefaltet, ebenso die rechte Ecke.

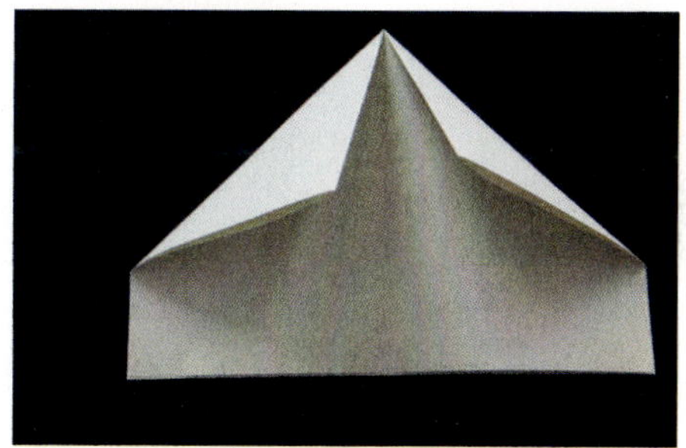

⑤ Die überstehende untere Seite wird nach oben gefaltet. Das Papier wird umgedreht und auch auf der Rückseite wird die überstehende Seite nach oben gefaltet.

⑥ Das Dreieck wird von unten geöffnet und zu einem Quadrat gelegt. Die überstehenden Ecken werden jeweils untergesteckt.

⑦ Die untere Spitze nach oben falten. 	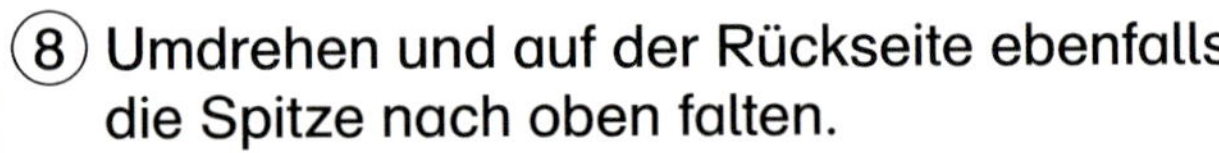 ⑧ Umdrehen und auf der Rückseite ebenfalls die Spitze nach oben falten. 
⑨ Das Dreieck wird erneut von unten geöffnet und als Quadrat hingelegt. 	⑩ Die oberen Spitzen vorsichtig auseinanderziehen. 
⑪ Fertig ist das Boot! 	

Faltanleitung Fisch (einfach)

Das wird benötigt: farbiges Faltpapier oder Origamipapier

(1) Das Blatt waagerecht und senkrecht falten. 	(2) Das Blatt in beide Richtungen diagonal zu einem Dreieck falten und dann wieder öffnen. 
(3) Jetzt eine der vier unteren Ecken zum Kreuzungsmittelpunkt falten. 	(4) Ebenso werden die anderen drei Ecken zum Kreuzungsmittelpunkt gefaltet. Gut festdrücken. 
(5) Das Papier umdrehen und den gleichen Faltschritt erneut durchführen. 	(6) Nochmals umdrehen und drei Ecken nach auβen ziehen. 
(7) Nun Wackelauge aufkleben. 	(8) Fertig ist der Fisch! 

Faltanleitung Fisch (mittel)

Das wird benötigt: quadratisches Faltpapier
Wackelauge, Kleber

① Das Papier diagonal falten und wieder aufklappen.

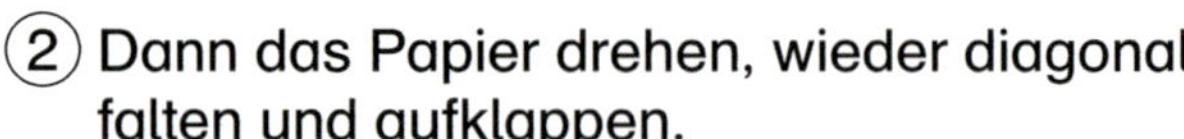
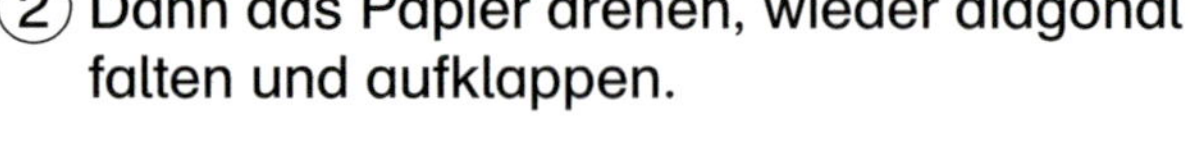

② Dann das Papier drehen, wieder diagonal falten und aufklappen.

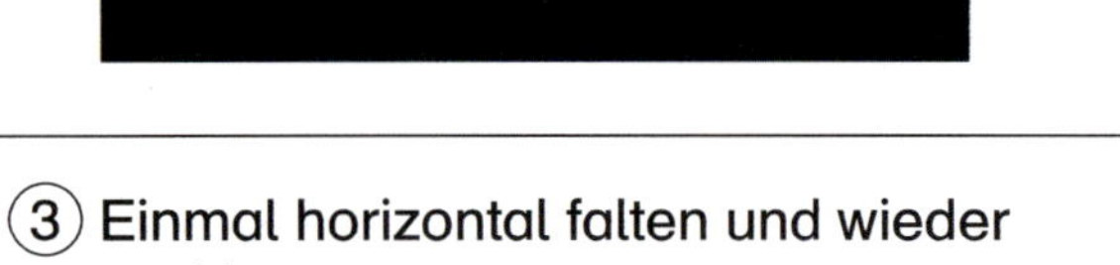

③ Einmal horizontal falten und wieder ausklappen.

④ Jetzt zwei Dreiecke falten, und …

⑤ … das Papier mit der geschlossenen Spitze nach rechts legen.

⑥ Den oberen Teil über den unteren Teil falten. Den Fisch umdrehen und nach Belieben mit einem Wackelauge bekleben und bemalen.

Präsentation der Einzelarbeit: Fische im Meer

Das wird benötigt: weißes DIN-A4-Papier
blaue und grüne Wasserfarbe, Pinsel, Kleber, Schwamm

Jedes Kind grundiert ein weißes Papier im Format DIN A4 komplett mit blauer Wasserfarbe. Alternativ tupfen die Kinder einen Hintergrund aus verschiedenen Blautönen mit einem Schwamm. Die Kinder malen mit grüner Wasserfarbe Schlingpflanzen hinzu und lassen das Bild trocknen oder gestalten Grünpflanzen aus Pfeifenputzern oder Krepppapier. Sie kleben oder malen einen oder mehrere Fische auf.

Präsentation der Gemeinschaftsarbeit: Papierboote im Bach

Das wird benötigt: blauer Stoff
Tisch, Sand, Muscheln, Steine, gefaltete Papierfische und Boote

Gestalten Sie auf einem Tisch mit den Kindern eine Fluss- oder Meereslandschaft. Legen Sie dazu eine blaue Decke aus. Auf dieser gestalten die Kinder gemeinsam das Ufer bzw. den Strand mit Sand, Muscheln, Steinen und sonstigen Elementen. Sie fügen nun die gemeinsam gebastelten Fische und Boote hinzu. Fertig ist die Präsentation!

Kategorie: Schneiden, Falten

Einstieg: Seerosenexperiment

Das wird benötigt: Vorlage Seerose
Bleistift, Stifte, Kunstdruck „Seerosen (1916)“, von Claude Monet, andere Fotos von Seerosen, Schere, kleine Wanne oder Schüssel mit Wasser, farbiges Papier in verschiedenen Stärken

Gemeinsam betrachten Sie mit den Kindern ein Foto von Seerosen. Dann basteln Sie gemeinsam Seerosen mithilfe der Vorlage und setzen eine gebastelte Pflanze in eine Wanne mit Wasser. Was passiert? Genau, die Seerose öffnet ihre Blütenblätter.

Faltanleitung Seerose (schwer)

(1) Eine oder mehrere Vorlagen der Seerose auf farbiges oder weißes Papier drucken. Das weiße Papier kann gut bemalt werden. 	(2) Beliebig viele Seerosen ausschneiden. 
(3) Die Blütenblätter nacheinander umfalten, sodass diese ineinanderliegen. Diesen Vorgang mit Papieren in verschiedenen Stärken und Farben wiederholen. 	(4) Alle Seerosen in eine kleine Schüssel oder Wanne mit Wasser setzen. 
(5) Nach und nach gehen die Blüten auf, je nach der Dicke des Papiers. 	**Erklärung:** Das Papier besteht aus Holzfasern, diese nehmen Wasser auf und dehnen sich dadurch. 

Präsentation der Einzelarbeit: Postkarte „Seerose“

Das wird benötigt: Fotokarton für eine Karte
ausgeschnittene Seerose, Stifte, Glitter, Schere, Kleber

Die Kinder zeichnen eine Karte in der Größe ihrer Wahl auf den Fotokarton auf, sie schneiden die Karte aus und kleben die Seerose darauf. Diese kann mit Stiften oder mit Glitzer zusätzlich verziert werden. Die Karte kann als Geschenk dienen.

Präsentation der Gemeinschaftsarbeit: Seerosen im Teich

Das wird benötigt: weißer Fotokarton
Postkarte „Seerosen (1916)“ von Claude Monet

Mit blauer Wasserfarbe und einem Schwamm betupfen die Kinder einen Fotokarton. Sobald die Farbe getrocknet ist, können die ausgeschnittenen Seerosen aufgeklebt werden. Die Kinder erstellen mit diesem Bild, mit weiteren einzelnen Seerosen und einer Kopie des Kunstdrucks „Seerosen (1916)“ von Claude Monet eine Seerosen-Collage.

Bastelvorlage Seerose

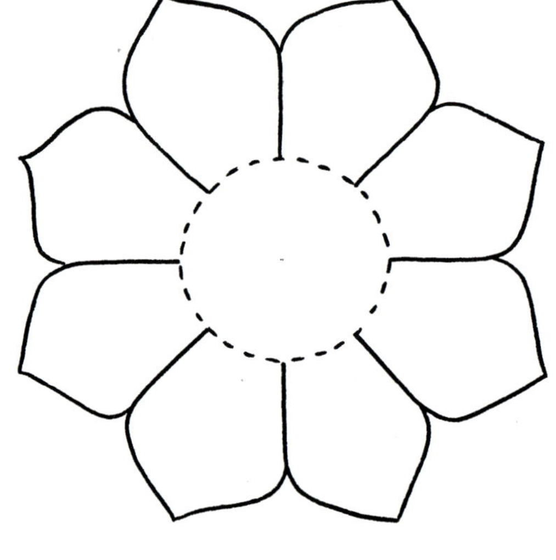

Kategorie: Falten, Malen, Schneiden und Kleben

Einstieg: Bewegungsspiel „Ausflug zum Bauernhof“

Das wird benötigt: –

Wir besuchen heute mit unserer Gruppe im Kindergarten einen Bauernhof.
Wir müssen etwas laufen, bis wir zum Bauernhof kommen.
Die Kinder laufen auf der Stelle oder im Raum umher.

Schon aus weiter Ferne hören wir den Hahn krähen.
Alle dürfen laut rufen: „Kikeriki!“

Als wir näher kommen, sehen wir den Hahn und auch die Hennen.
Die Hennen gackern und gackern.
Alle dürfen gackern.

Auf der Weide grasen die Ponys.
Alle dürfen wie ein Pony wiehern.

Im Stall gibt es auch noch ein paar Schweine.
Alle dürfen grunzen.

Der Hofhund bellt laut zu unserer Begrüßung.
Alle dürfen bellen.

Ein toller Tag auf dem Bauernhof wartet auf uns.

Faltanleitung Hahn und Henne (mittel)

Das wird benötigt: quadratisches Faltpapier
Wackelauge, Kleber

1. Das Papier diagonal zu einem Dreieck falten und wieder öffnen. Das Papier wird gedreht und wieder diagonal gefaltet.

2. Jetzt horizontal falten und wieder öffnen. Nochmals drehen und erneut horizontal falten und wieder öffnen.

3. Jetzt werden die vier Ecken zur Mitte gefaltet.

4. Alle vier Ecken werden wieder zur Mitte gefaltet.

5. Die beiden Dreiecke links und rechts aufklappen.

6. Die untere Seite nach oben falten.

7. Die Faltung wieder öffnen, wie auf dem Bild zu sehen ist.

8. Jetzt wird es etwas knifflig. Das Faltobjekt in der Mitte so zusammenschieben, dass diese Faltung entsteht.

9. Die entstandene linke Spitze nach innen falten, sodass der Kopf des Huhns oben gerade ist und ein Schnabel entsteht.

10. Auge aufmalen oder Wackelauge aufkleben. Schnabel aus gelbem Tonpapier ausschneiden und aufkleben. Fertig ist das Huhn!

11. Jetzt noch einen Hahnenkamm ausschneiden und aufkleben. Fertig ist der Hahn!

Faltanleitung Pferd (mittel)

Das wird benötigt: braune, quadratische Faltpapiere, Wackelaugen, Schere, Wolle, Kleber, schwarzer Filzstift

① Das Quadrat zur Hälfte falten und gerade mit der Schere durchschneiden. 	② Beide Teile werden wieder längs zur Hälfte gefaltet, zwei lange Papierstreifen sind entstanden. 
③ Der erste Papierstreifen wird hochkant hingelegt, mit der Öffnung nach rechts. 	④ Der Kopf entsteht durch das Falten schräg nach links unten. 
⑤ Das zweite gefaltete Papier wird waagrecht in die geöffnete Falz unterhalb des Pferdehalses geschoben. 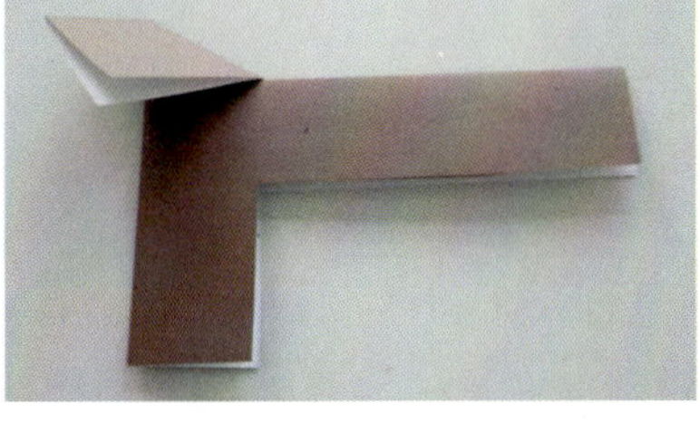	⑥ Beim zweiten Faltpapier wird das hintere Stück schräg nach unten gefaltet, so entstehen Hinterbeine und Gesäß. Jetzt werden beide Teile miteinander verklebt. 
⑦ Aus Wolle Mähne und Schweif abschneiden und aufkleben. Alternativ aus Papier die Elemente schneiden und aufkleben. 	⑧ Wackelaugen aufkleben, Nüstern und Mund malen. Fertig ist das Pferd! 

Faltanleitung Hund (mittel)

Das wird benötigt: zwei braune, quadratische Faltpapiere
Wackelaugen, Kleber

① Das erste quadratische Faltpapier wird der Kopf. Das Faltpapier zu einem Dreieck falten. 	② Die beiden seitlichen Spitzen werden nach unten gefaltet. Das sind die Ohren. 
③ Die untere Spitze wird nach oben gefaltet. Die Hälfte der Spitze wird wieder nach unten geknickt. Das ist die Hundeschnauze. 	④ Das zweite Quadrat wird zu einem Dreieck gefaltet. Es wird senkrecht aufgestellt mit der Spitze nach links. 
⑤ Die untere Spitze schräg nach rechts oben falten. 	⑥ Den Kopf an den Körper kleben. Die Wackelaugen aufkleben und mit dem schwarzen Stift die Schnauze malen. 

Faltanleitung Schwein (schwer)

Das wird benötigt: quadratisches Papier in Rosa, Wackelaugen, Pfeifenputzer in Rosa, ggf. schwarzer Stift

(1) Das Papier waagrecht und senkrecht falten.

(2) Nun auch die beiden diagonalen Linien falten.

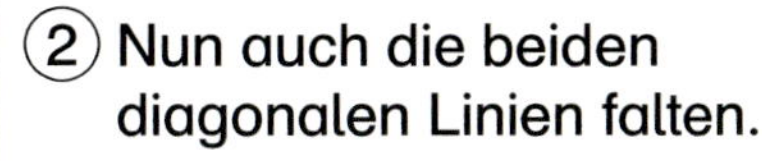

(3) Der untere und der obere Teil werden bis zur Mitte gefaltet.

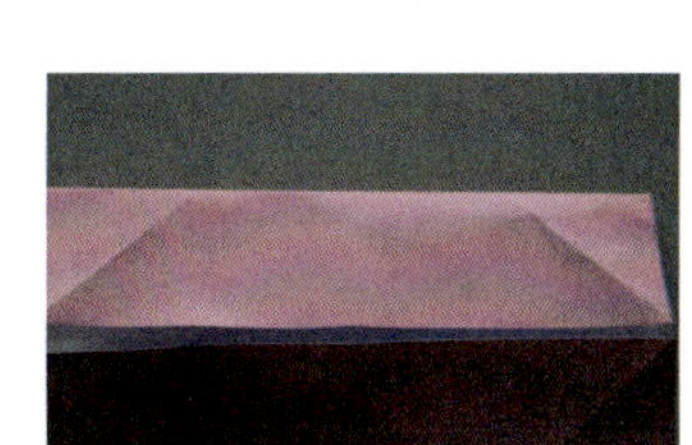

(4) Alle vier Ecken werden nun nacheinander zur Mittellinie gefaltet.

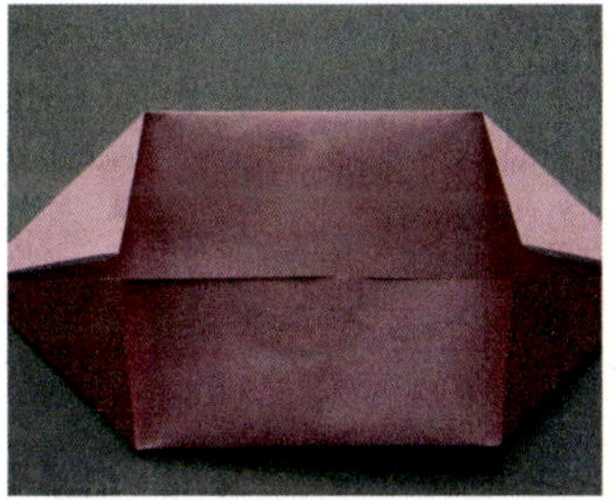

(5) Sie werden jeweils, wie im Foto gezeigt, aufgefaltet.

(6) Die untere Seite wird nun nach unten/hinten gefaltet.

(7) Die Dreiecke werden zu Füßen, indem sie jeweils an der Linie nach unten gefaltet werden. Die Füße laufen spitz zu.

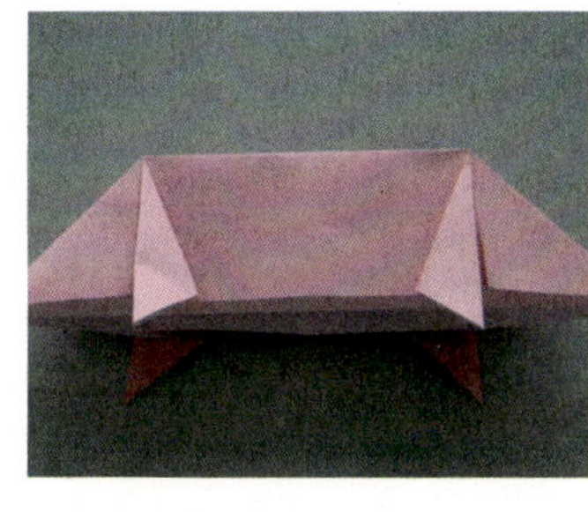

(8) Öffnen Sie das gefaltete Schwein, klappen Sie die hintere Spitze etwas ein und falten Sie das Schwein erneut.

(9) Ein Stück Pfeifenputzer in Pink wird eingeklebt und gebogen. Mit schwarzem Filzstift werden Nasenlöcher und Augen aufgemalt bzw. Wackelaugen aufgeklebt. Fertig ist das Schwein!

Präsentation der Einzelarbeit: Mein Bauernhofbild

Das wird benötigt: weißes Papier
gebastelte Bauernhoftiere, Kleber, Wasserfarben, Pinsel

Die Kinder dürfen den Hintergrund des Bildes in Blau- und Grüntönen tupfen und nach Belieben die Tiere aufkleben. Es müssen nicht alle Tiere aufgeklebt werden. Die übrigen Tiere werden mit nach Hause genommen.

Präsentation der Gemeinschaftsarbeit: Ausstellung Bauernhof

Das wird benötigt: Bilder aus der Einzelarbeit, gebastelte oder mitgebrachte Rahmen für die in der Einzelarbeit erstellten Formate, ggf. Nägel, Hammer, Klebestreifen, Tisch, Tischdecke, Bauernhofelemente (Haus, Stall, Traktoren, Landwirt etc.) sowie Bücher zum Thema Bauernhof

Bereiten Sie mit den Kindern eine individuelle Bauernhofausstellung vor. An der Wand zeigen Sie die gestalteten Werke der Kinder nebeneinander, idealerweise je in einem Rahmen. Gegebenenfalls können auch Fotos sowie mit den Kindern formulierte Texte zu einem Bauernhofbesuch ausgestellt werden. Der Tisch kann zum Thema passend dekoriert sein. Er kann typische Elemente eines Bauernhofes zeigen. Sicherlich haben Sie einige Dinge in der Kita oder die Kinder bringen diese von zu Hause mit.

Kategorie: Falten, Malen, Kleben

Einstieg: Zeitreise ins Land der Dinosaurier

Welche Dinosaurier kennt ihr denn?
Die Kinder dürfen berichten, welche Dinosaurier sie kennen.

Habt ihr Lust, gemeinsam auf eine kleine Zeitreise zurück ins Land der Dinosaurier zu gehen? Dazu steigen wir in unsere Zeitkapsel. Wir müssen uns dreimal nach links drehen, dreimal nach rechts drehen und wir müssen dreimal in die Höhe hüpfen.
Die Kinder dürfen mit Ihnen die Bewegungen durchführen.

Jetzt sind wir bei den Dinosauriern angekommen. Wie sieht es denn hier aus?
Was ist anders als bei uns? Wir hören ein lautes Geräusch, ein schweres Stampfen.
Die Kinder machen Stampfbewegungen.

Das Stampfen wird immer lauter und lauter.
Die Kinder dürfen noch fester stampfen.

Ein riesiger Tyrannosaurus Rex kommt auf uns zu. Hilfe! Schnell laufen wir zurück zu unserer Zeitkapsel.
Die Kinder dürfen zwei Runden im Kreis laufen.

Wir drehen uns wieder zweimal nach links, zweimal nach rechts und hüpfen zweimal in die Höhe.
Alle machen die Bewegungen nacheinander.

Wir sind wieder in unserer Gruppe. Puh, war das aufregend.

Bastelanleitung Dinosaurier (mittel)

Das wird benötigt: je ein Pappteller
Wasserfarbe in verschiedenen Farben, Pinsel, Schere, Kleber, Wackelaugen

(1) Jedes Kind erhält einen großen Pappteller. Der Pappteller wird mit der Schere in zwei gleich große Hälften geschnitten. Eine Hälfte ist der Dino-Körper. 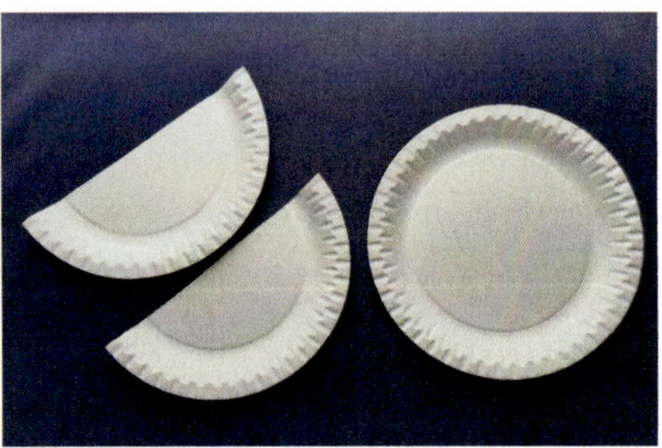	(2) Auf die zweite Hälfte werden Stacheln, Schwanz, Beine und ein langer Kopf vorgezeichnet und ausgeschnitten. 
(3) Jetzt werden die Körperteile mit Kleber am Körper angeklebt. 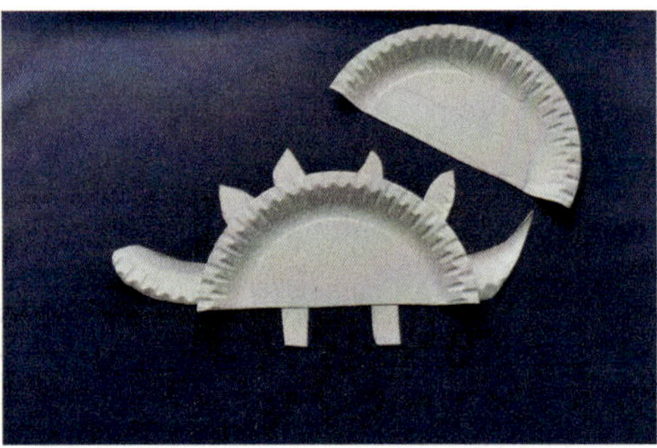	(4) Den Dino nach Belieben mit Wasserfarbe bemalen, zuerst auf einer Seite, dann auf der anderen Seite. Eine Seite zuerst gut trocknen lassen. Sie können ein Wackel-auge ergänzen. 
(5) Fertig ist der Dinosaurier! 	

Präsentation der Einzelarbeit: Pappteller-Dino

Die Kinder dürfen ihren Dino als Erinnerung mit nach Hause nehmen.

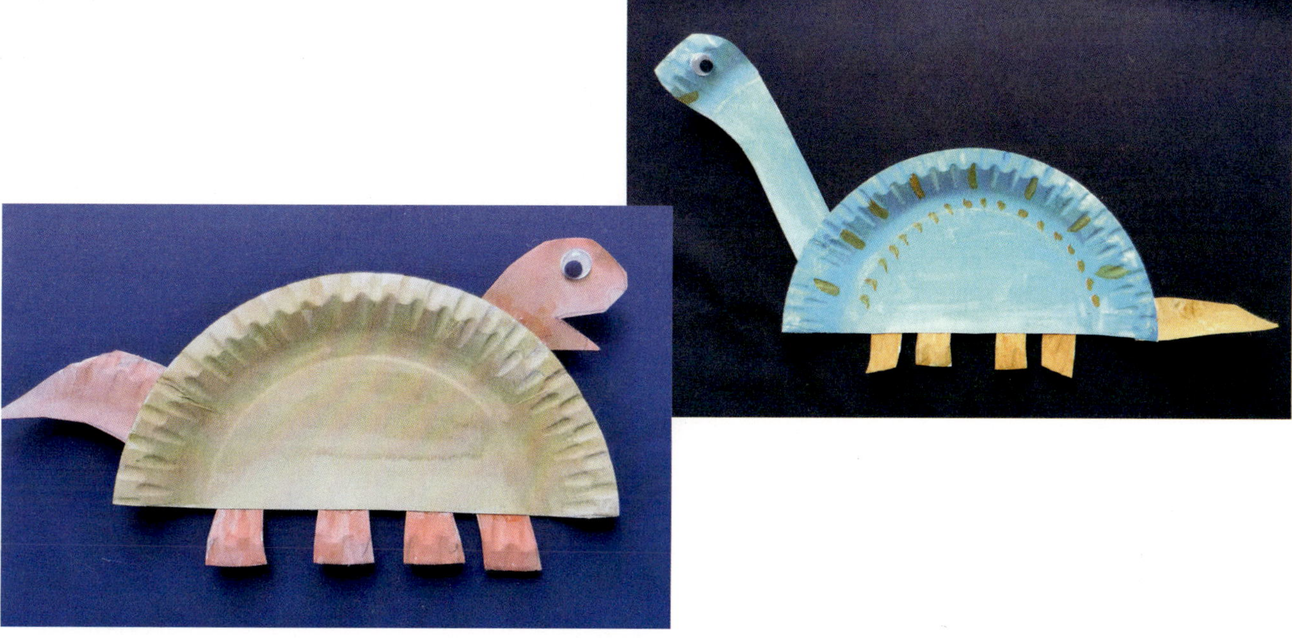

Präsentation der Gemeinschaftsarbeit: Dino-Girlande

Das wird benötigt: Zusätzlich zu den Materialien für die Dinosaurier:
Gummiband oder Schnur, Schere, Holzperlen mit Loch

Mithilfe der Anleitung „Dinosaurier" werden mehrere Dinosaurier aus Papptellern gebastelt und auf eine Leine aufgefädelt. Dazu werden die Dinosaurier links und rechts an beliebiger Stelle mit einem Loch versehen. Durch die beiden Löcher jedes Dinosauriers fädeln Sie eine lange Schnur oder ein Gummiband hindurch. Damit die Dinosaurier nicht verrutschen, jeweils links und rechts eine Holzperle auffädeln. Diese Girlande eignet sich für Fasching oder für ein Dino-Fest.

Kategorie: Falten

Einstieg: Mitmachgeschichte „Kleine Eule unterwegs“

Das wird benötigt: Fotos oder Illustrationen „Tiere im Wald“

Wenn es Nacht wird im Wald, schlafen auch einige Tiere, wie Reh, Eichhörnchen und Ameise. Viele Tiere sind aber auch nachts aktiv, z. B. Fuchs, Eule und Fledermaus.

Eine kleine Eule ist ganz besonders aufgeregt. Zum ersten Mal darf sie dabei sein, wenn ihre Familie auf großen Nachtflug geht. So lange hat sie schon darauf gewartet. Und heute Nacht ist es endlich so weit. Mama und Papa nehmen sie in die Mitte, hier fühlt sich die kleine Eule sicher.

Gemeinsam fliegen sie los und sehen schon bald ein kleines Reh: „Schlaf gut, liebes Reh!“, ruft die kleine Eule.
Alle Kinder rufen: „Schlaf gut, kleines Reh!“

„Psst“, macht Mama Eule, „ganz leise sein, sonst wacht das kleine Rehkitz wieder auf!“
Alle rufen: „Pst!“

Auch die Eichhörnchen schlafen: „Schlaf gut, kleines Eichhörnchen!“, ruft die kleine Eule.
Alle Kinder rufen: „Schlaf gut, kleines Eichhörnchen!“

„Psst“, macht Mama Eule, „ganz leise sein, sonst wacht das kleine Eichhörnchen wieder auf!“
Alle rufen: „Pst!“

Auch andere Tiere des Waldes schlafen, bis auf die Fledermaus und die Eule. Diese Tiere sind in der Nacht wach. Wir begrüßen diese Tiere. Mit einem leisen „Uhuuuu“ werden Eule und Fledermaus begrüßt.
Alle rufen: „Uhu!“

Der Tag naht bald und die Eulenfamilie fliegt zurück zu ihrem Nest und legt sich schlafen.

Die kleine Eule ist glücklich. Das war ein schöner Flug.

Tiere im Wald

Faltanleitung Eule (mittel)

Das wird benötigt: braunes, quadratisches Faltpapier oder Origamipapier
Wackelaugen

① Das Papier diagonal zu einem Dreieck falten und wieder öffnen. 	② Das Papier nun so platzieren, dass die gefaltete Linie waagerecht liegt. Die obere und untere Ecke bis etwa zur Hälte der Mitte falten. Die Ecken sollten möglichst auf beiden Seiten gleich gefaltet werden, damit die Flügel nicht unterschiedlich sind. 
③ Jetzt wird die rechte Spitze bis zur Höhe der beiden gefalteten Dreiecke gefaltet. 	④ Jetzt wird die Spitze wieder etwa bis zur Hälfte nach rechts zurückgefaltet und das Papier wird so gedreht, dass die noch vorhandene Spitze nach unten zeigt. 
⑤ Eine kleine Spitze wird nun noch bis auf die Kante nach unten gefaltet. 	⑥ Das Papier umdrehen und die untere Ecke nach oben, Richtung oberen Rand, falten. 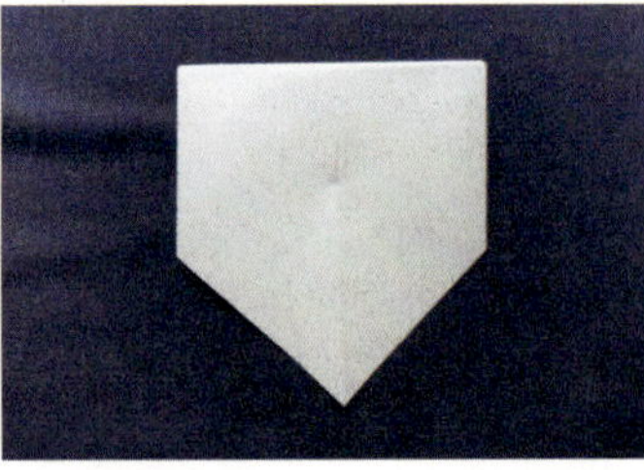
⑦ Die Ecke nun wieder nach unten falten, aber weiter als der untere Rand, denn das wird der Schwanz der Eule. 	⑧ Umdrehen und mit Wackelaugen bekleben. Fertig ist die Eule! 

Faltanleitung Fuchs (mittel)

Das wird benötigt: rotes oder braunes, quadratisches Faltpapier
Kleber, schwarzer Stift, Wackelaugen

Faltung des Fuchskopfes

(1) Das Faltpapier wird diagonal gefaltet. Ein Dreieck ist entstanden. 	(2) Das entstandene Dreieck nochmals zu einem Dreieck falten und wieder auseinanderfalten. 
(3) Zuerst die rechte Seite zur Mitte falten und dann die linke Seite. 	(4) Den Kopf drehen. Wackelaugen aufkleben, eine Schnauze malen. Der Fuchskopf ist fertig. 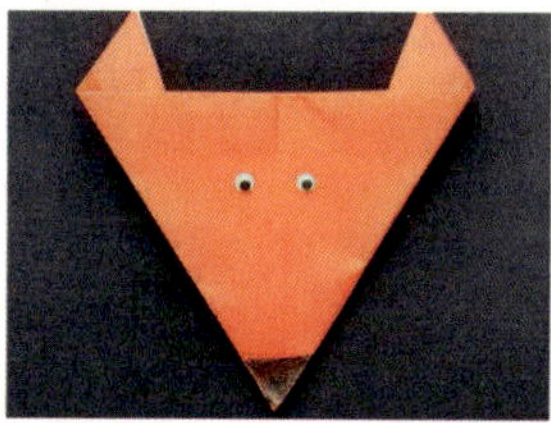

Faltung des Fuchskörpers

(1) Das zweite Faltpapier wird ebenfalls diagonal gefaltet und senkrecht hingelegt. 	(2) Die untere Spitze wird schräg nach oben gefaltet. 
(3) Das Faltstück umdrehen. 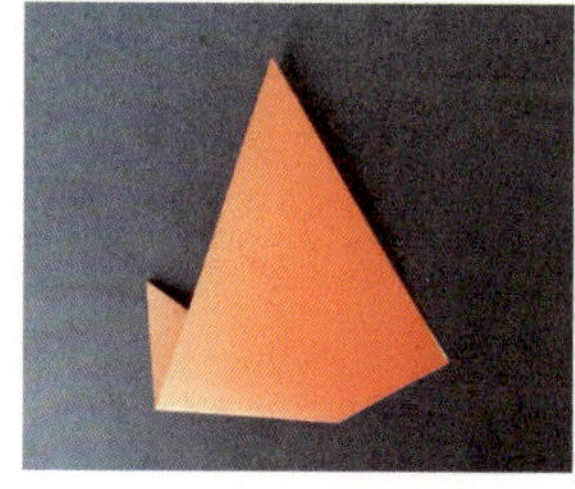	(4) Zum Abschluss den Kopf an den Körper kleben. Fertig ist der Fuchs! 

Faltanleitung Fledermaus (mittel)

Das wird benötigt: schwarzes, quadratisches Faltpapier
gelbe, kleine Perlen (Augen oder Wackelaugen), Kleber

① Das Quadrat wird diagonal zu einem Dreieck gefaltet.

② Eine Ecke wird zur gegenüberliegenden Ecke gefaltet. Ein weiteres Dreieck entsteht.

③ Die Faltung wird wieder geöffnet. Das Dreieck wird mit der offenen Spitze nach unten hingelegt.

④ Der untere Rand wird nach oben gefaltet.

⑤ Die freie Spitze wird nach unten gefaltet.

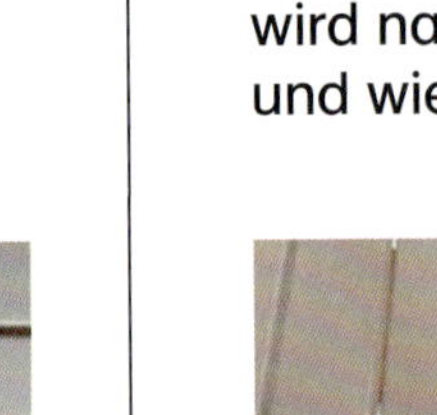

⑥ Die Fledermaus wird umgedreht, der untere Teil wird nach oben gefaltet und wieder geöffnet.

⑦ Die Flügel werden senkrecht nach oben gefaltet.

⑧ Die Flügel werden an der Spitze nach hinten umgeschlagen.

⑨ Die Fledermaus drehen, die Wackelaugen aufkleben. Fertig ist die Fledermaus!

Präsentation der Einzelarbeit: Blättereule

Das wird benötigt: Papier, weiß, DIN A3
dunkelblaue und braune Wasserfarbe, Pinsel, getrocknete Blätter

Das Papier wird dunkel eingefärbt. Ein Stamm wird mit brauner Wasserfarbe gezeichnet. Die getrockneten Blätter werden als Baumkrone auf das Blatt geklebt. Die gefaltete Eule wird in den Baum geklebt.

Präsentation der Gemeinschaftsarbeit: Stabfledermäuse in der Nacht

Das wird benötigt: gefaltete Fledermäuse
Holzstäbe, Kleber

Die Fledermäuse auf einen Stab kleben und im Dunklen mit den Fledermäusen im Raum herumfliegen und einen Fledermaustanz einüben.

Kategorie: Falten und Malen

Einstieg: Die Geschichte vom kleinen Raben, der gerne die Papageien im Dschungel besuchen wollte

Ein kleiner Rabe lebte zusammen mit seiner Familie und einigen anderen Rabenfamilien mitten unter uns Menschen. Das Leben in seiner Familie und mit den anderen Raben gefiel ihm sehr gut. Er war jedoch ein sehr lebhafter und neugieriger Rabe. Manchmal ging er deshalb allein auf Entdeckungstour, verließ das Nest und flog weit hinaus. Seine Eltern waren dann sehr traurig und mussten ihn überall suchen. Das gefiel ihnen nicht und sie begannen dann, mit dem kleinen Frechdachs zu schimpfen. Der kleine Rabe ließ sich davon nicht beirren, er träumte weiter davon, allein eine aufregende Reise in den Urwald nach Südamerika zu unternehmen. Er wollte dort die Tukane besuchen. Er hatte schon viel von ihnen und ihrem Leben im Dschungel gehört.

„Der Weg ist sehr, sehr weit!“, sagten seine Eltern dann immer zu ihm.

Eines Nachts hatte der kleine Rabe einen Traum. In seinem Traum flog er allein davon, erreichte den Urwald und traf die bunten Vögel, die Tukane, von denen er schon so viel gehört hatte.
Im Dschungel war es wunderschön. Alle Papageien waren sehr nett zu ihm, er spielte besonders gerne mit den kleinen Papageienkindern. Es gab nur ein Problem: Wenn er die Vögel beobachtete, wie sie in ihrer Familie miteinander spielten und sich um aneinander kümmerten, dann vermisste er seine eigene Rabenfamilie und die Nachbarn sehr. Er wurde deshalb sehr traurig.

Da hörte er plötzlich die Stimme von Mama Rabe: „Guten Morgen, mein Schatz, hast du gut geschlafen?“ Der kleine Rabe war plötzlich sehr froh, dass er nur im Traum eine Reise in den Dschungel unternommen hatte. Er war glücklich, dass alle da waren: seine Eltern, seine Geschwister, seine Nachbarn und Freunde. Seitdem wollte er nie mehr in den Dschungel fliegen.

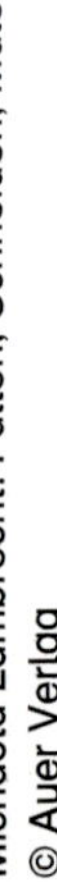

Faltanleitung Rabe (leicht)

Das wird benötigt: schwarzes, quadratisches Faltpapier, dünneres Tonpapier, Bastelfedern, Wackelaugen, gelbes Faltpapier oder Tonpapier, Schere, Kleber

① Zur besseren Sichtbarkeit zeigen wir die Faltung auf weißem Papier. Zuerst wird das Papier diagonal zu einem Dreieck gefaltet und wieder geöffnet.

② Die linke Seite zur Mitte falten und dann die rechte Seite. Ein Drache entsteht.

③ Die obere Spitze wird nach unten gefaltet. Auf das nach unten gefaltete Dreieck Wackelaugen kleben. Ein gelbes Dreieck als Schnabel ausschneiden und aufkleben. Fertig ist der Rabe! An der Spitze kann eine Feder als Schwanz befestigt werden.

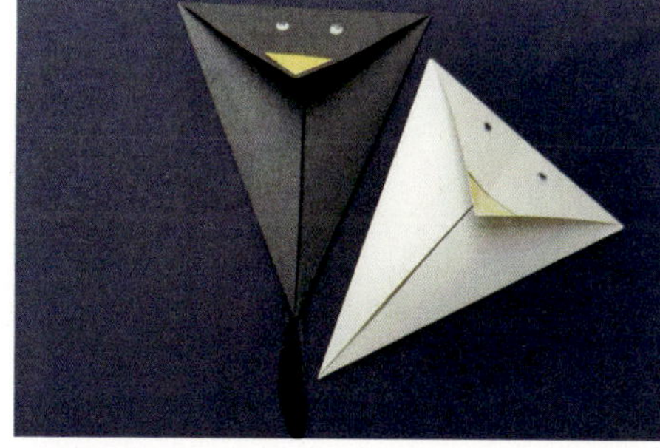

Bastelanleitung Papagei (mittel)

Das wird benötigt: Pappteller
Schere, Wasserfarbkasten, Pinsel, Kleber, ggf. Wackelaugen,
bunte Bastelfedern in Rot, Gelb und Grün, schwarzer Stift

① Mit der Schere wird der Pappteller in zwei gleich große Hälften geschnitten. 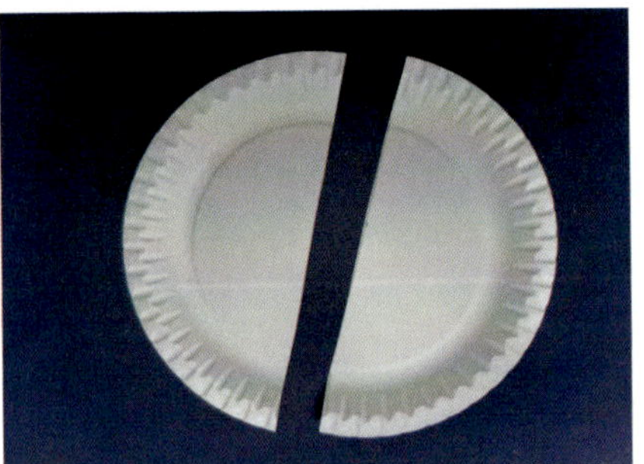	② Die beiden Teile werden so platziert, dass ein Papagei entsteht. Die beiden Teile werden aneinandergelegt. 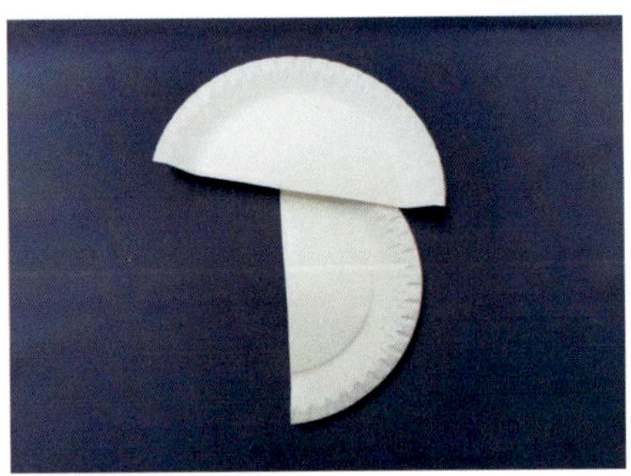
③ Das Kopfteil wird nun schräg, mit der Schnittkante nach unten, auf dem Körper aufgeklebt. Die spätere Färbung wird vorgemalt. 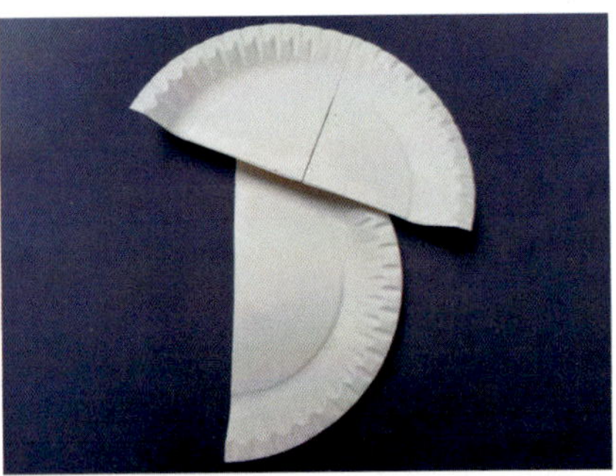	④ Der Körper wird grün eingefärbt. Der Kopf wird vorne rot und hinten grün bemalt. Trocknen lassen. 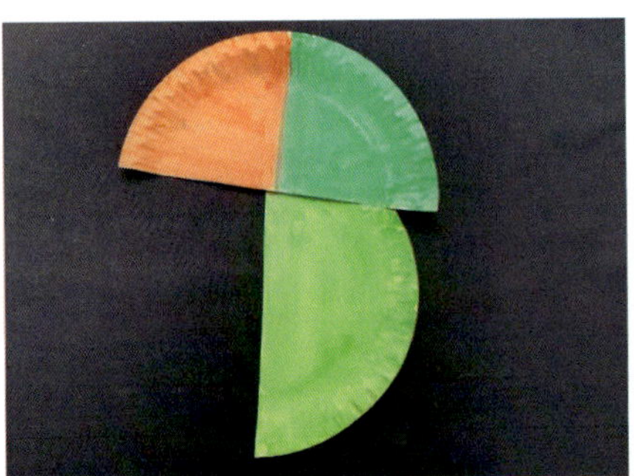
⑤ Mit schwarzem Stift Augen aufmalen oder Wackelaugen aufkleben. Die bunten Schwanzfedern am unteren Körper ankleben. 	

Präsentation der Einzelarbeit: Papagei in der Palme

Das wird benötigt: weißes Papier im Format DIN A3
Wasserfarbkasten, verschieden dicke Pinsel, Schwamm, Kleber,
die gebastelten Papageien der Kinder

Die Kinder legen das weiße Papier in das Quer- oder Hochformat. Sie grundieren den Hintergrund mit dickem Pinsel oder Schwamm in hellgrünen Farben. Sie lassen den Hintergrund trocknen. Ist dieser trocken, dann zeichnen sie eine Palme (mit oder ohne Stamm) auf das Blatt. Anschließend kleben sie den Papagei in die Palme.

Präsentation der Gemeinschaftsarbeit: Rabentreffen auf der Stromleitung

Das wird benötigt: weißer Fotokarton oder Tonpapier in beliebiger Größe
schwarze Wasserfarbe, verschiedene Pinsel, Kleber, die gefalteten Raben der Kinder

Auf den weißen Fotokarton malen die Kinder gemeinsam eine längliche Stromleitung mit schwarzer Wasserfarbe auf. Auf beiden Seiten wird ggf. jeweils ein Strommast dazu gezeichnet. Sobald das Bild getrocknet ist, werden die Raben auf die Stromleitung gesetzt und aufgeklebt.

Kategorie: Falten

Einstiegsimpuls: Spiele-Rätsel

Ich werde auf dem Kopf getragen und manchmal weht mich ein starker Wind von dort herunter.	Ich werde gefaltet. Mit einer Perle an der Schnur versuchst du, mit mir die Perle zu fangen.	Ich bin ein gefaltetes Spielzeug, das es schon ganz lange gibt. Das erste Wort meines Namens beginnt mit Himmel.
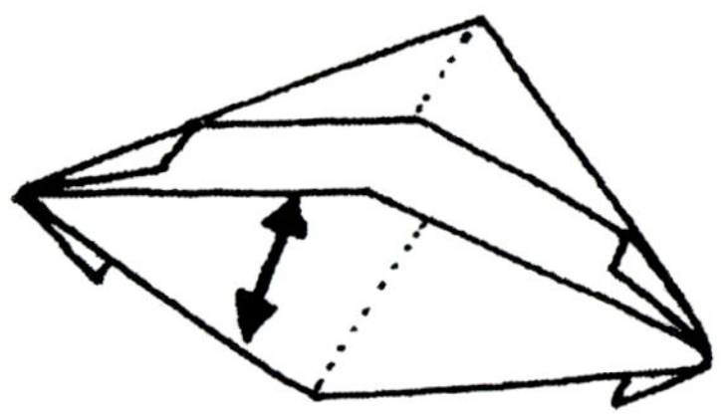	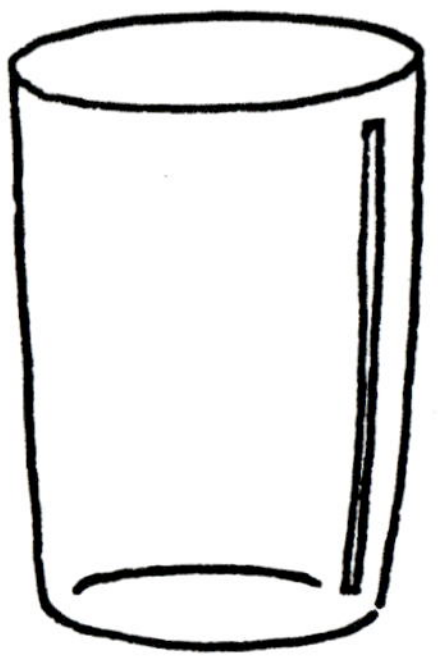	

Faltanleitung Hut (mittel)

Das wird benötigt: DIN-A4-Papier

① Das Papier im Hochformat hinlegen und von oben nach unten falten. 	② Nun einmal auf die Seite falten und wieder öffnen. 
③ Die offene Blattkante nach unten legen. Die linke Ecke bis zur Linie in der Blattmitte falten. 	④ Den Arbeitsschritt mit der rechten Ecke wiederholen. 
⑤ Der untere Rand ist offen. 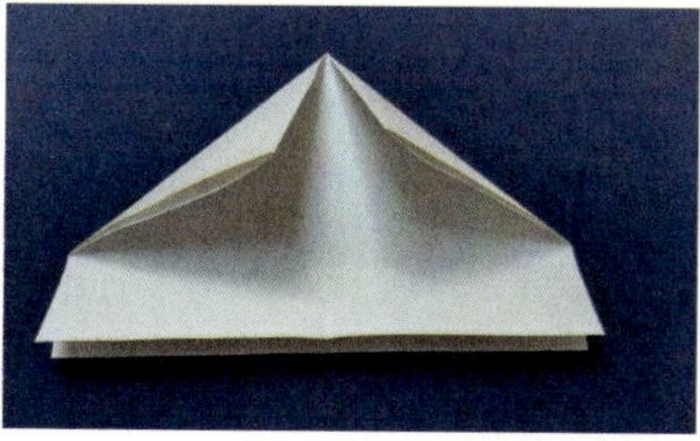	⑥ Das Faltstück wird umgedreht. Darauf achten, dass der geöffnete Rand unten bleibt. Die beiden unteren Streifen nach außen falten. 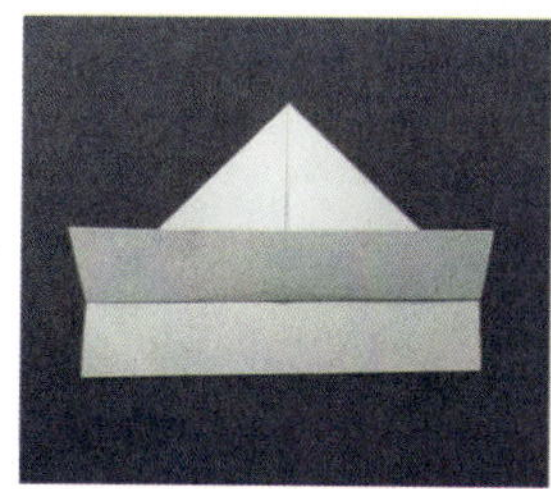 
⑦ Die vorderen überstehenden Dreiecke rechts und links nach hinten umschlagen, die hinteren Dreiecke nach vorn umschlagen. 	⑧ Jetzt wird die lange Kante des Dreieckes vorsichtig geöffnet. Der Papierhut ist fertig! 

Faltanleitung Fangbecher (mittel)

Das wird benötigt: farbiges, quadratisches Faltpapier/Origamipapier
Holzperle mit Loch, Wolle/Kordel, Schere, Stopfnadel

<table>
<tr>
<td>(1) Das Papier diagonal falten. Ein Dreieck entsteht. Die Spitze des Dreieckes zeigt nach oben.
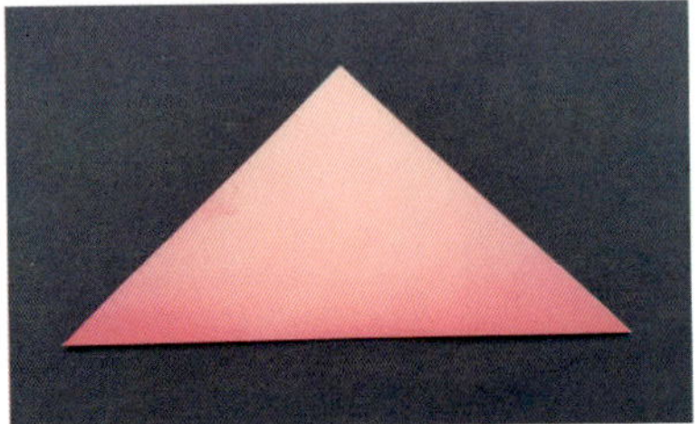</td>
<td>(2) Jetzt wird die rechte untere Ecke in die Mitte der linken Seite gefaltet. Die Faltung fest glattstreichen.
</td>
</tr>
<tr>
<td>(3) Den gleichen Faltschritt mit der linken Ecke wiederholen.
</td>
<td>(4) Die nach oben stehenden, kleinen Dreiecke werden auf jeder Seite heruntergefaltet und dort festgeklebt.
</td>
</tr>
<tr>
<td>(5) Den Fangbecher öffnen und unten mittig ein kleines Loch mit einer Stopfnadel hineinstechen.
</td>
<td>(6) Ein Stück Wolle (ca. 30 cm) abschneiden und von innen durch das Loch stecken. Mit einem oder zwei Knoten innen stabilisieren.
</td>
</tr>
<tr>
<td>(7) An das untere Ende die Holzkugel auffädeln und fest verknoten, gerne mehrere Knoten machen. Fertig ist der Fangbecher!
</td>
<td></td>
</tr>
</table>

Faltanleitung Himmel und Hölle (mittel)

Das wird benötigt: quadratisches Faltpapier/Origamipapier, farbig
roter und blauer Buntstift

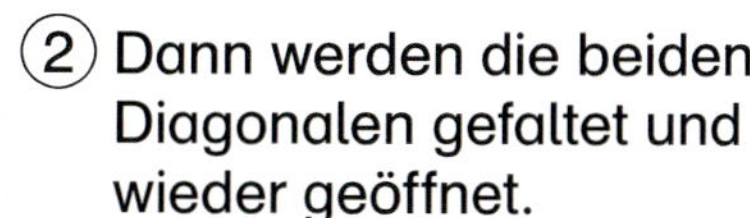

(1) Zuerst wird die senkrechte und waagrechte Mittellinie gefaltet und wieder geöffnet. 	(2) Dann werden die beiden Diagonalen gefaltet und wieder geöffnet. 	(3) Nacheinander werden alle vier Ecken zur Mitte gefaltet. 
(4) Jetzt umdrehen und erneut alle vier Ecken zur Mitte falten. 	(5) Das Quadrat in der Mitte falten, die Öffnung zeigt nach rechts. 	(6) Das Spiel von unten mit je einem Finger etwas weiten, sodass die Kinder gut mit ihren Fingern in jede Ecke kommen. 
(7) Jetzt das Spiel drehen, die Finger von unten in jede Ecke stecken und das Spiel kann (fast) beginnen. 	(8) Jetzt jeweils die gegenüberliegenden Innenflächen blau bzw. rot ausmalen oder mit blauem oder rotem Symbol versehen. 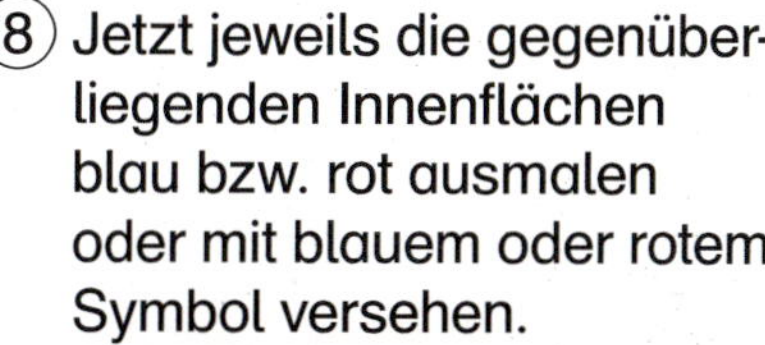 	(9) Darauf achten, dass die Farbe nicht von außen zu erkennen ist. Fertig ist das Spiel! 

Präsentation der Einzelarbeit: Spielzeugtest zu Hause

Die Kinder dürfen ihre Spielsachen mit nach Hause nehmen.

Präsentation der Gemeinschaftsarbeit: Spielzeugset für die Kita

Zusammen werden für die ganze Gruppe Fangbecher, Hüte sowie Himmel-und-Hölle-Spiele für die Freispielzeit gebastelt. So können auch die anderen Kinder, die nicht mitgebastelt haben, mit den selbst hergestellten Spielmaterialien spielen.

Kategorie: Falten, Schneiden, Dekorieren

Einstieg: Märchen erzählen: Gebrüder Grimm „Sterntaler"

Es war einmal ein kleines Mädchen, dem waren Vater und Mutter gestorben, und es war so arm, dass es kein Kämmerchen mehr hatte, darin zu wohnen, und kein Bettchen mehr, darin zu schlafen, und endlich gar nichts mehr als die Kleider auf dem Leib und ein Stückchen Brot in der Hand, dass ihm ein mitleidiges Herz geschenkt hatte. Es war aber gut und fromm. Und weil es so von aller Welt verlassen war, ging es im Vertrauen auf den lieben Gott hinaus ins Feld. Da begegnete ihm ein armer Mann, der sprach „Ach, gib mir etwas zu essen, ich bin so hungrig." Es reichte ihm das ganze Stückchen Brot und sagte „Gott segne dir's" und ging weiter. Da kam ein Kind, das jammerte und sprach: „Es friert mich so an meinem Kopfe, schenk mir etwas, womit ich ihn bedecken kann." Da tat es seine Mütze ab und gab sie ihm. Und als es noch eine Weile gegangen war, kam wieder ein Kind und hatte kein Leibchen an und fror: Da gab es ihm seins. Und noch weiter, da bat eins um ein Röcklein, das gab es auch von sich hin. Endlich gelangte es in einen Wald. Es war schon dunkel geworden, da kam noch eins und bat um ein Hemdlein. Das fromme Mädchen dachte: „Es ist dunkle Nacht, da sieht dich niemand, du kannst wohl dein Hemd weggeben." Es zog das Hemd aus und gab es auch noch hin. Und wie es so stand und gar nichts mehr hatte, fielen auf einmal die Sterne vom Himmel, und es waren lauter harte, blanke Taler und ob es gleich sein Hemdlein weggegeben, so hatte es ein neues an und das war vom allerfeinsten Leinen. Da sammelte es sich die Taler hinein und war reich für sein Lebtag.

(Göttingen, 1875)

Faltanleitung Stern (einfach)

Das wird benötigt: 16 quadratische Faltpapiere, Farbe nach eigener Wahl, einfarbige, zweifarbige oder bunte Varianten sind möglich.
Goldener Glitzer, Kleber

(1) Zuerst wird das Papier diagonal zum Dreieck gefaltet. 	(2) Das Papier wird wieder geöffnet. 
(3) Die linke Ecke bis zur Mitte falten, dann die rechte Ecke, ein Dreieck ist entstanden. Diese beiden Faltschritte werden bei allen 16 Faltpapieren gemeinsam durchgeführt. 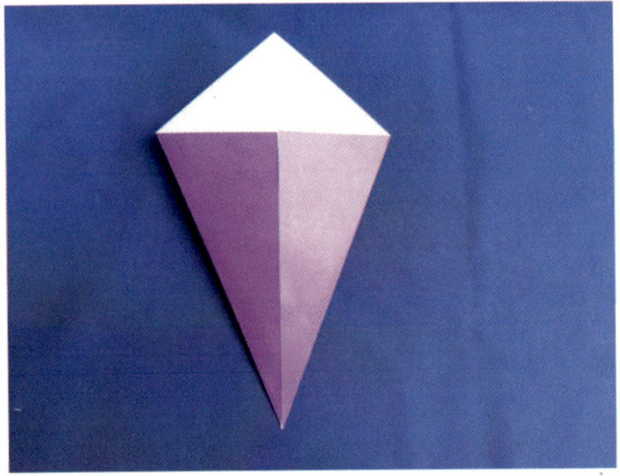	(4) Die Sternzacken werden auf der Rückseite so zusammengeklebt. 

(5) Fertig ist der Stern für den Gruppenraum! Nach Belieben kann der Stern von den Kindern mit Glitzerstift verziert werden.

Faltanleitung Tannenbaum (mittel)

Das wird benötigt: grünes Faltpapier, braunes Tonpapier, Schere, Kleber

(1) Man benötigt zuerst drei grüne Faltpapiere.

(2) Zwei Faltpapier werden einmal zu einem Dreieck gefaltet.

(3) Ein Faltpapier wird zweimal zu einem kleineren Dreieck gefaltet. Nun schneidet man aus einem braunen Tonpapier noch einen Stamm aus.

(4) Man klebt die Dreiecke ineinander, das kleinste kommt nach oben. Unten klebt man den Stamm an. Die Anordnung der Dreiecke kann aussehen wie in Bild 4 oder 5.

(5) Der Baum kann mit Glitterstiften bemalt oder mit Elementen beklebt werden, mit Buntstiften oder anderen Stiften erhält er individuelle Kugeln.

Faltanleitung Nikolausserviette (einfach)

Das wird benötigt: rote Serviette, rosa Tonpapier, weiße Watte, Kleber, Wackelaugen, roter Stift

① Die Serviette wird einmal diagonal gefaltet. 	② Sie wird wieder geöffnet. Die linke Ecke zur Mitte falten, Dann die rechte Ecke ebenfalls zur Mitte falten. 
③ Jetzt sieht die Serviette aus wie ein einfacher Drache. Die Spitze nach unten legen. 	④ Aus dem rosa Tonpapier wird ein Kreis ausgeschnitten. 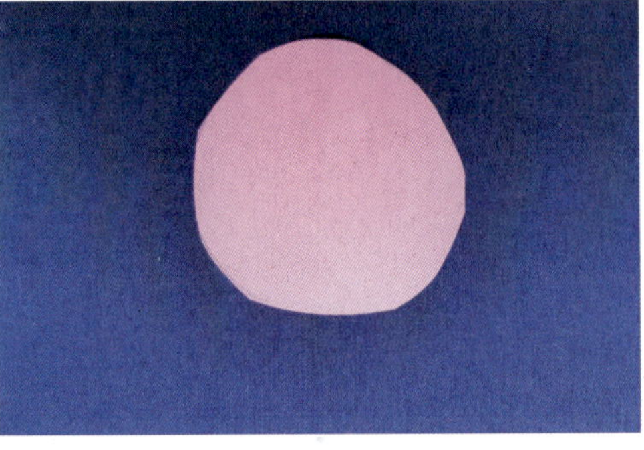
⑤ Der Kreis wird als Gesicht auf die Serviette geklebt. Die Wackelaugen aufkleben und einen Mund aufmalen. 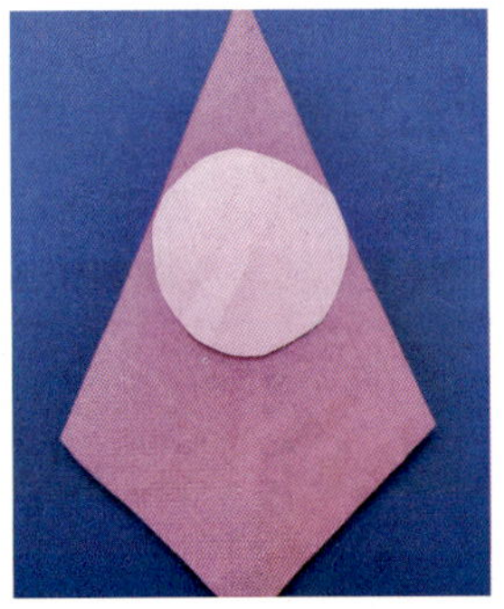 	⑥ Zum Schluss die weiße Watte als Bart sowie als Teil der Mütze aufkleben. Fertig ist die Nikolausserviette. 

Faltanleitung Sternschachtel (mittel)

Das wird benötigt: quadratisches, großes Faltpapier in beliebiger Farbe
Sternausstanzer/Sternform, Goldfolie oder Tonpapier, Lineal, Bleistift, Schere

① Zuerst das Papier in beiden Richtungen horizontal falten und wieder öffnen. 	② Das Papier ebenfalls in beiden Richtungen diagonal falten und wieder öffnen. 
③ Jetzt werden die vier Ecken nacheinander nach innen zur Mitte gefaltet. 	④ Die Bastelei gerade vor sich hinlegen und den unteren Rand zur geraden Mittellinie falten. 
⑤ Die Bastelei drehen und wieder den unteren Rand zur geraden Mittellinie falten. 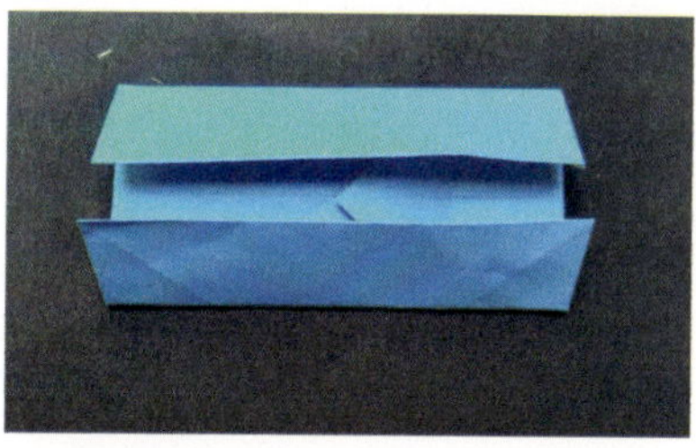	⑥ Die Bastelei erneut drehen und wieder den unteren Rand zur geraden Mittellinie falten. Die Bastelei erneut drehen und wieder den unteren Rand zur geraden Mittellinie falten. 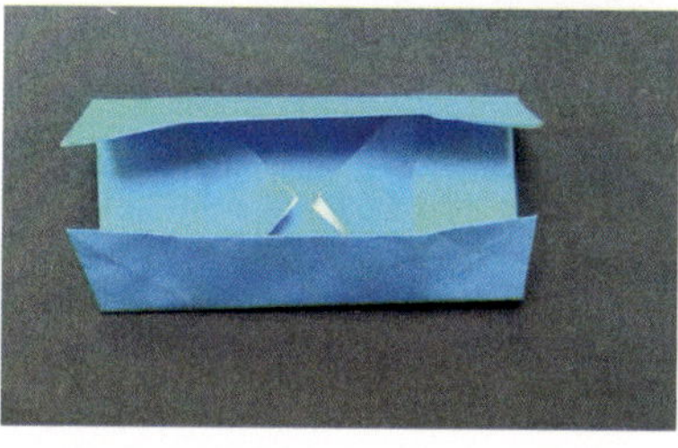
⑦ Die Faltarbeit aufklappen. 	⑧ Vier Linien zur besseren Orientierung mit Lineal einzeichnen. 

⑨ Diese vier kleinen Linien vorsichtig einschneiden.

⑩ Nun ist die Vorarbeit geleistet. Die vier Wände sind bereits zu erkennen.

⑪ Das obere Dreieck und Rechteck wird nun als Wand und Boden eingefaltet.

⑫ Der untere Teil wird nun als Wand und Boden eingefaltet. Die beiden Quadrate werden rechts und links „umfaltet“.

⑬ Möchten die Kinder einen Deckel für die Schachtel gestalten, fertigen Sie mit ihnen zwei gleiche Schachteln an. Eine Schachtel sollte etwas kleiner sein.

⑭ Nun noch die Sterne ausstanzen oder schneiden und aufkleben. Fertig ist die Schachtel!

Präsentation der Einzelarbeit: Weihnachtliche Elterngeschenke

Der Stern eignet sich sehr gut als Weihnachtsgeschenk für die Eltern. Binden Sie noch einen goldenen Faden zum Aufhängen daran.

Präsentation der Gemeinschaftsarbeit: Deko für die Weihnachtsfeier

Sie können eine weihnachtliche Feier mit den Eltern dekorieren. Dazu falten Sie für jeden die Nikolausserviette und für jeden Tisch eine Sternschachtel. Dort legen sie eine rote Serviette hinein und befüllen die Schachtel mit Plätzchen. Als Tischschmuck legen Sie Tannenzweige auf die Tische und dazwischen die gefalteten Tannenbäume.
Die Sterne können Sie als Raumschmuck über die Tische an die Decke hängen. Natürlich können Sie auch die gefalteten Sterne an einen Holzstab kleben und mit den Kindern einen Sternentanz zu Weihnachtsliedern aufführen.

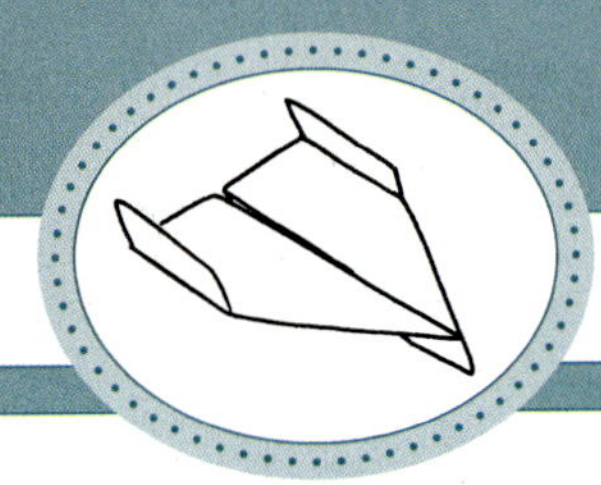

Kategorie: Falten

Einstieg: Meine eigene Bastelidee

Das wird benötigt: gebastelter Papierflieger, Zaubertüte, Gespenst, für jedes Kind einen Muggelstein

Spruch:

> Ich bin ich, du bist du!
> Ich mag Papierflieger, was magst du?

Jetzt darf das Kind einen Muggelstein zur Bastelidee seiner Wahl legen und diese Idee später umsetzen. Es sagt ebenfalls den Spruch auf und setzt seine Bastelidee ein.

Bei „Was magst du?“ wird auf eine andere Person gezeigt, die an der Reihe ist. Nacheinander dürfen so alle Kinder entscheiden, was sie falten möchten.

Faltanleitung Papierflieger (mittel)

Das wird benötigt: DIN-A4-Papier

(1) Das Papier senkrecht in der Mitte falten. Der Knick liegt innen.

(2) Zuerst die linke obere Ecke zur Mitte hin falten und dann die rechte obere Ecke.

(3) Beide Seiten mit den Ecken noch einmal nach innen zur Mittellinie falten. Die Flügel entstehen.

(4) Die beiden Seiten des Fliegers zusammenfalten.

(5) Nun zuerst die erste Tragfläche Kante auf Kante nach unten falten. Dann die zweite Tragfläche Kante auf Kante nach unten falten.

(6) Fertig ist der Papierflieger.

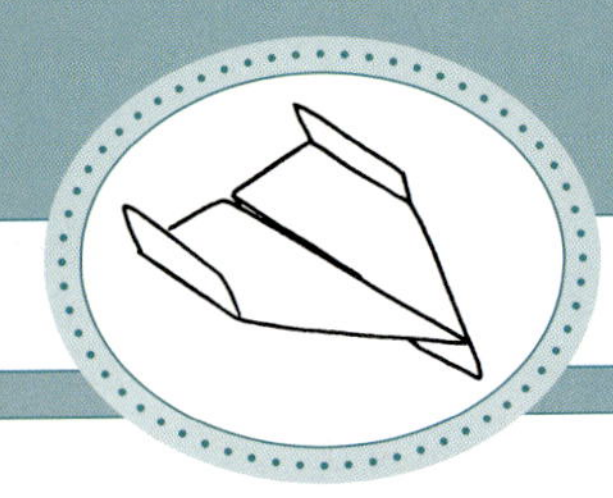

Faltanleitung Gespenst (mittel)

Das wird benötigt: weißes, quadratisches Faltpapier
Wackelaugen, schwarzer, dünner Filzstift

(1) Das Papier wird einmal diagonal in der Mitte gefaltet und wieder geöffnet. 	(2) Die beiden äußeren Spitzen werden zur Mitte gefaltet. Jetzt sieht es aus wie ein Drache. 
(3) Die Faltform wird umgedreht, die schmale Spitze zeigt jetzt nach unten. 	(4) Die Kanten der innenliegenden Seiten werden nach außen gefaltet. 
(5) Überstehendes Papier wird an beiden Seiten schräg nach innen gefaltet. Die Arme des Gespensts sind fertig. 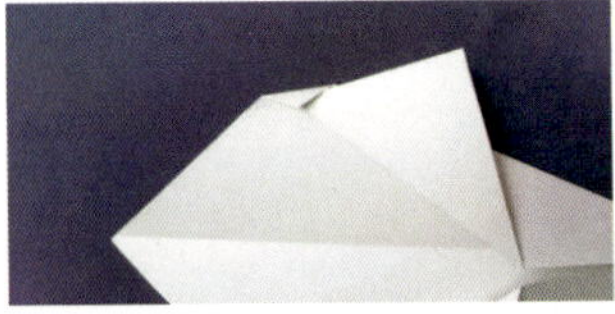	(6) Jetzt wird die obere Spitze ca. 5 cm nach unten gefaltet. 
(7) Die untere Spitze einmal nach hinten und wieder nach vorne knicken. 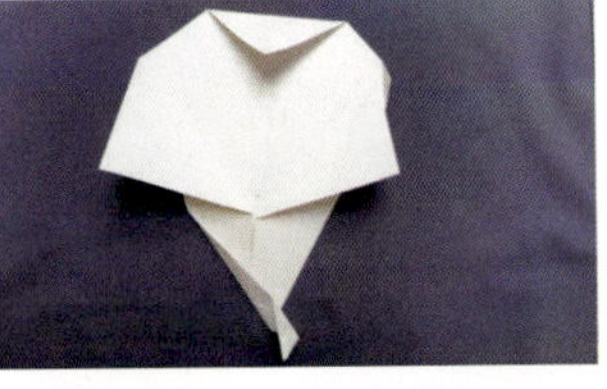	(8) Fertig ist das Gespenst! 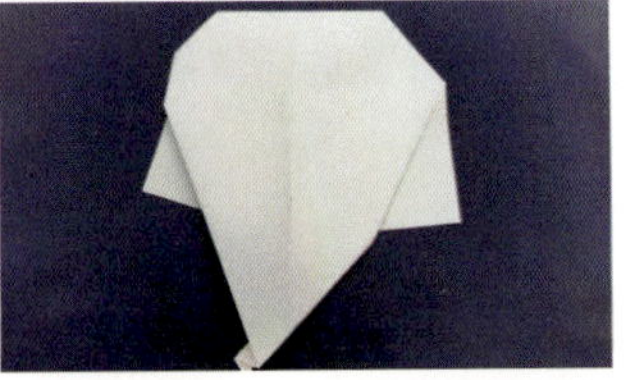
(9) Wackelaugen aufkleben. 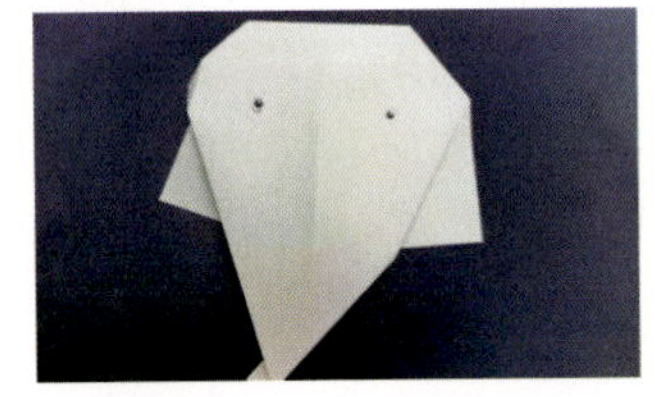	(10) Mit dem schwarzen Stift einen Mund und Augenbrauen etc. aufmalen. 

Faltanleitung Zaubertüte (mittel)

Das wird benötigt: DIN-A4-Papier
Briefmarke

(1) Das Papier hochkant legen. 	(2) Das Blatt einmal in der Mitte falten, wieder öffnen. 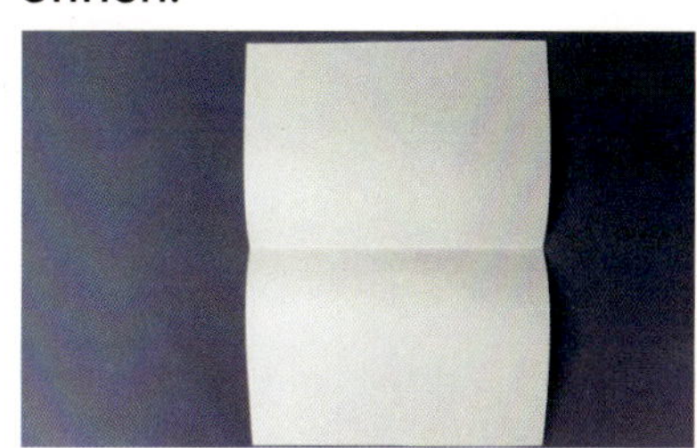
(3) Falte die Ecke oben links an die Mittellinie. Falte die Ecke unten links darüber bis an die Mittellinie, sodass beide Ecken übereinanderliegen. 	(4) Falte die Ecke unten rechts an die Mittellinie. Falte die Ecke oben rechts darüber bis an die Mittellinie, sodass beide Ecken übereinanderliegen. 
(5) Das entstandene Quadrat wird an der Mittellinie zum Dreieck zusammengefaltet, sodass die gefalteten Ecken nach innen kommen. 	(6) Jetzt werden die Ecken durch die Dreiecke innen ineinandergeschoben und ineinandergesteckt. 
(7) Die Zaubertüte ist fertig! 	**So funktioniert der Zaubertrick!** Eine Briefmarke wird vor allen in die Öffnung gesteckt. Dann wird kräftig gezaubert und dabei wird möglichst unbemerkt die zweite leere Öffnung geöffnet. Die Briefmarke ist verschwunden. Mit einem erneuten Zauberspruch kann die Briefmarke wieder hergezaubert werden.

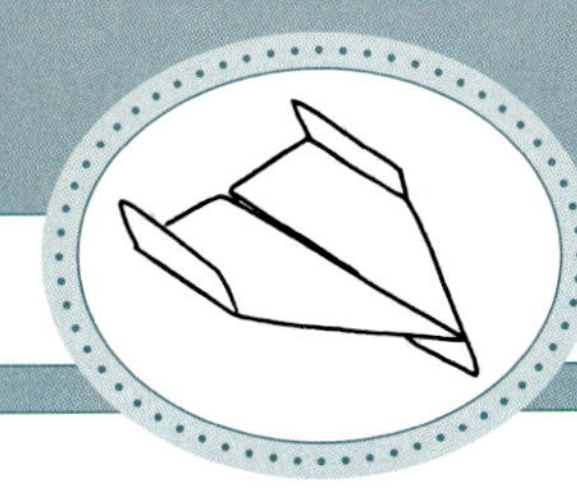

Präsentation der Einzelarbeit: Spielzeugtester

Lassen Sie die Kinder zu Spielzeugtestern werden, indem sie beispielsweise die Papierflieger umherfliegen lassen oder den Zaubertrick mit der Zaubertüte ausprobieren dürfen.

Präsentation der Gemeinschaftsarbeit: Papierfliegermeisterschaft

Sie können beispielsweise eine Papierfliegermeisterschaft mit den Kindern veranstalten. Jedes Kind bekommt am Schluss eine Urkunde mit der genauen Angabe, wie weit sein Papierflieger insgesamt geflogen ist.

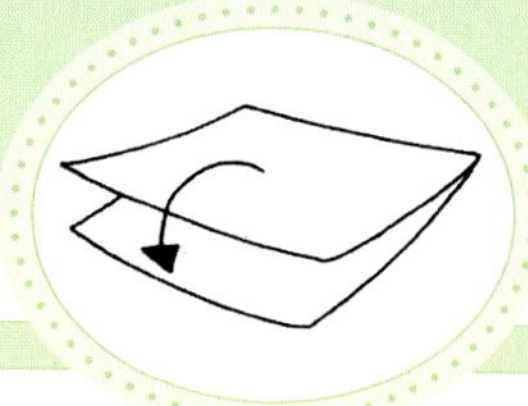

Durchführung einer Ausstellung mit Vernissage

Gerade dann, wenn sie mehr gefaltet und auch die Gemeinschaftsprojekte mit den Kindern durchgeführt haben, bietet es sich an, die entstandenen Kunstwerke in einer „Vernissage“ auszustellen. So können auch die Familien die Kunstwerke betrachten. Überlegen Sie, wo Sie die Kunstwerke präsentieren möchten. Besonders toll ist es natürlich, wenn Sie die Kunstwerke in öffentlichen Räumen, wie beispielsweise dem Rathaus, ausstellen können. So werden die Kunstwerke nicht nur von den Eltern gesehen, sondern auch von der breiten Öffentlichkeit. Wir haben einmal eine Vernissage im Rathaus durchgeführt. Diese wurde dort auch feierlich eröffnet. Zu diesem Termin wurde die Presse eingeladen. Die Exponate konnten dann im Rahmen der Öffnungszeiten von allen Besucher*innen betrachtet werden. So bekamen wir als Einrichtung sehr viel Anerkennung und Wertschätzung. Nach Beendigung der Ausstellung wurden die Gemälde innerhalb der Kita aufgehängt und auch hier gewürdigt.

Theateraufführung oder Bilderbucharbeit mit selbsterstellten Faltelementen

Planen und realisieren Sie in Ihrer Einrichtung Theaterstücke mit den Kindern? Dann können Sie das Bühnenbild vorher mit den Kindern selbst planen und durch Malen, Schneiden und Falten gestalten. Ein geeignetes zeitloses Stück lässt sich mithilfe der Geschichte „Das Land der bunten Vögel“ von Kobna Anan und mit verschiedenen Papiervögeln realisieren. Es geht hier um das Thema Gemeinschaft und darum, dass man einzeln nichts erreicht, in der Gemeinschaft jedoch viel mehr. Auch das Lesen und Ansehen von Bilderbüchern kann durch gebastelte Elemente unterstützt werden, so könnten Sie zum Spielen Raupen basteln und das Lesen des Klassikers „Die kleine Raupe Nimmersatt“ durch die Faltarbeiten ergänzen. Kita-Kinder lieben Singen und Tanzen. Sie können in der Kita Lieder für bestimmte Anlässe auswählen, z. B. Lieder für die Adventszeit zum beliebten Thema „Sterne“, und diese dann durch selbstgebastelte Elemente in unterschiedlichen Varianten visualisieren.

Videos: Die Kinder stellen ihre Arbeiten selbst vor

Um die sprachliche Kompetenz der Kita-Kinder zu fördern, können Sie die Kinder ihre Falt- und Bastelarbeiten selbst vorstellen und präsentieren lassen. Gerne können Sie diese Sequenzen mit dem Smartphone aufnehmen und sie den jeweiligen Eltern zusenden. Sie werden sich darüber sehr freuen und sie sehen, wie Sie die Kinder in der Kita fördern.

Einrichten einer Schneide-, Klebe-, Faltwerkstatt in der Kitagruppe

Ein guter Ort für regelmäßige Ausstellungen in der Kitagruppe ist eine Schneide-, Klebe- und Faltwerkstatt mitten im Gruppenraum. Hier können Kinder im Freien Spiel basteln und ihre Kompetenzen im Schneiden, Kleben und Malen vertiefen. Die in dieser Zeit entstandenen Unikate können Sie in einem eigenen Regal oder auf einem eigenen Tisch ansprechend präsentieren. Das freut die Eltern und andere Kinder werden angeregt, ebenfalls einmal zu gestalten.

Bastelanleitungen speziell für Eltern

Im Folgenden finden Sie Bastelanleitungen in unterschiedlichen Schwierigkeitsstufen, die auf die Themen dieses Bandes aufbauen und die Kinder gemeinsam mit den Eltern zu Hause einfach basteln können.

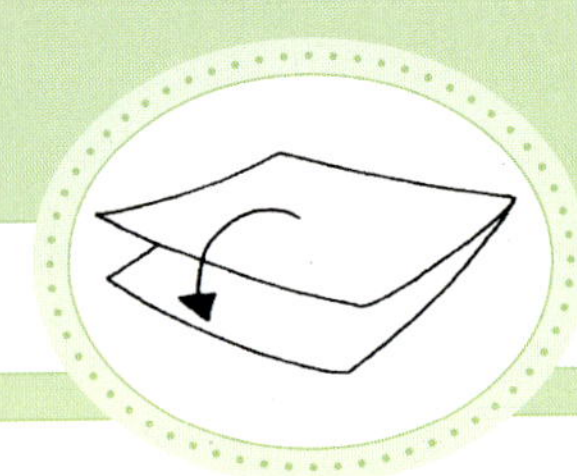

Blume

1. Nehmen Sie mit Ihrem Kind die Vorlage zur Hand. Schneiden Sie mit dem Kind die einzelnen Streifen auseinander und die Kreise aus.

2. Nehmen Sie einen Kreis und die Streifen und lassen Sie Ihr Kind die Streifen so mit Klebstift oder Kleber nebeneinander auf den Kreis kleben, wie in der Abbildung zu sehen ist.

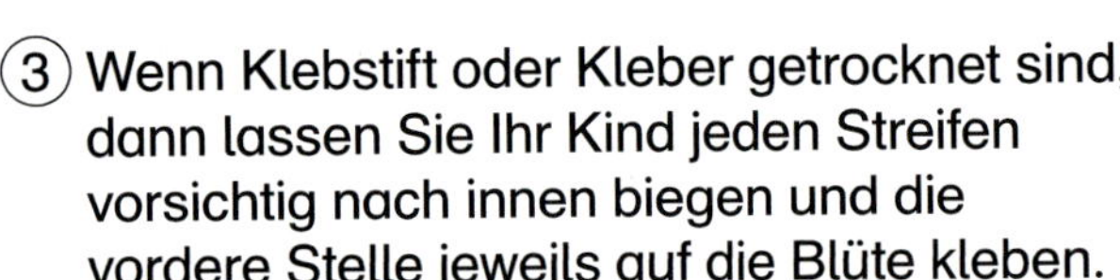

3. Wenn Klebstift oder Kleber getrocknet sind, dann lassen Sie Ihr Kind jeden Streifen vorsichtig nach innen biegen und die vordere Stelle jeweils auf die Blüte kleben.

4. Lassen Sie Ihr Kind den zweiten ausgeschnittenen Kreis passgenau auf die untere Blüte kleben. Fertig ist die Blüte!

Am Meer, da ist es windig!

(1) Nehmen Sie eine Cornflakes-Schachtel o. Ä.

(2) Schneiden Sie mit Ihrem Kind aus dieser Schachtel ein großes Quadrat aus. Falten Sie mit Ihrem Kind das Quadrat diagonal in beide Richtungen und öffnen Sie das Quadrat wieder.

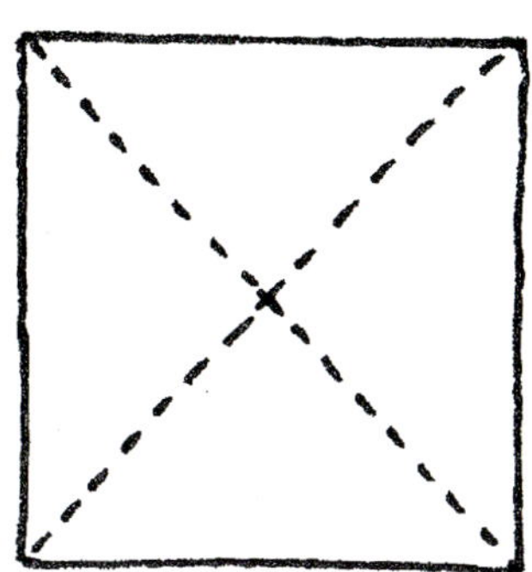

(3) Schneiden Sie das Quadrat ein, wie eingezeichnet.

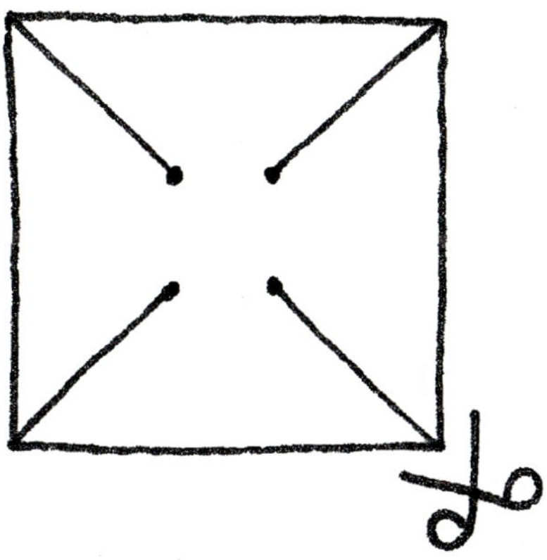

(4) Lassen Sie jeden Flügel von Ihrem Kind umknicken, so wie im Bild eingezeichnet.

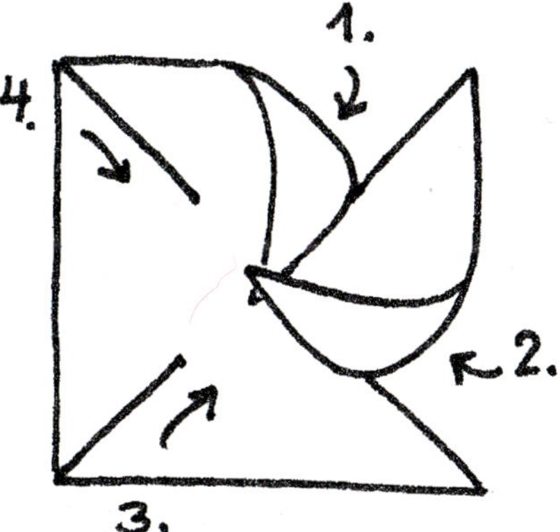

(5) Verbinden Sie die Flügel mit einer Nadel. Fertig ist das Windrad. Es dreht sich am Meer am schönsten!

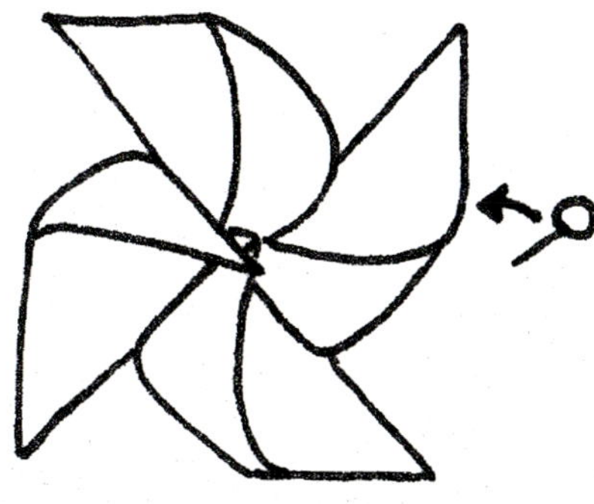

(6) Befestigen Sie das Windrad mit Klebeband an einem Stab.

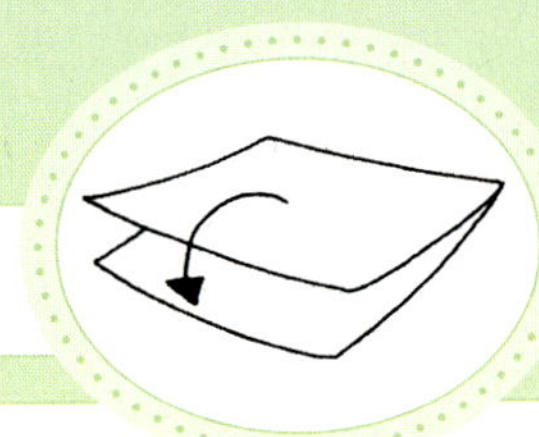

Seerose

Kopieren Sie die Vorlage auf stärkeres, weißes Papier. Lassen Sie Ihr Kind die Seerose und die Seerosenblätter aus dieser Vorlage ausschneiden. Ihr Kind bemalt die Seerose nach Belieben oder beklebt sie mit zerkleinertem Transparentpapier in Grün bzw. Weiß oder Rose.

Das Falthuhn

(1) Nehmen Sie ein quadratisches Papier und falten dieses mit Ihrem Kind zweimal diagonal, so wie es auf dem Bild zu sehen ist.

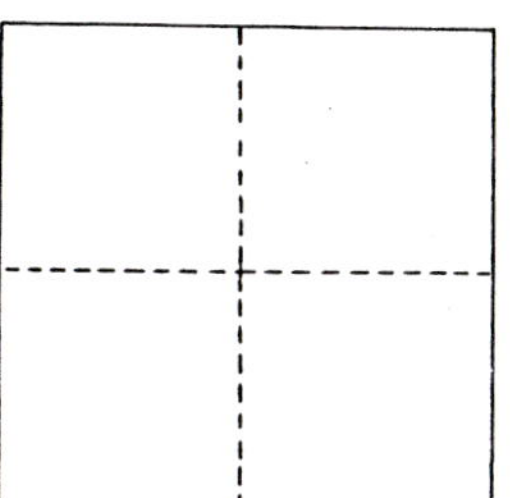

(2) Die vier Ecken werden jeweils bis zur Mitte des Blattes gefaltet.

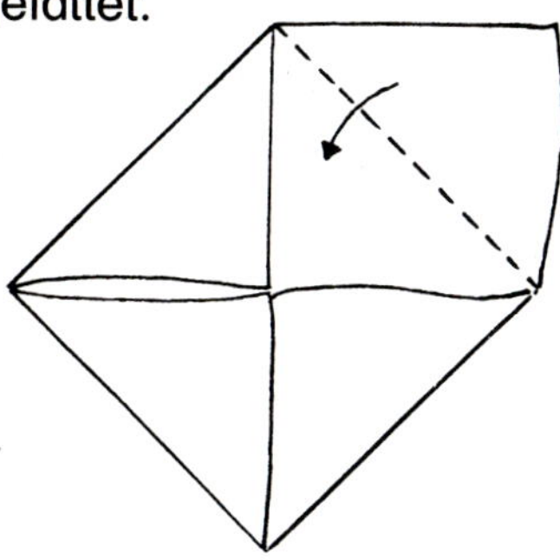

(3) Drehen Sie mit Ihrem Kind das gefaltete Blatt um und wiederholen Sie das Falten viermal von dieser Seite. Drehen Sie das Blatt mit Ihrem Kind um.

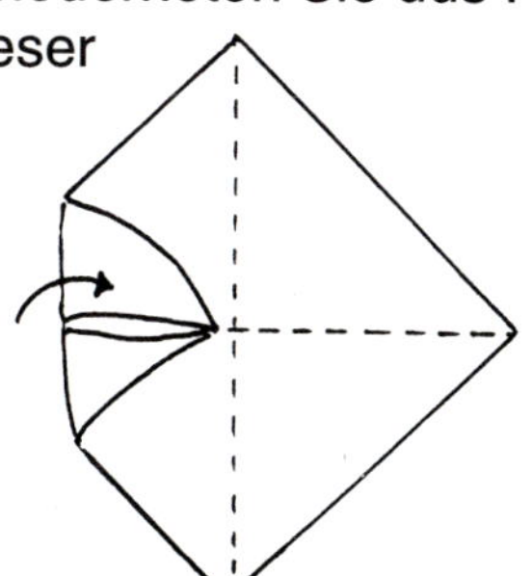

(4) Knicken Sie die vier Ecken nach oben.

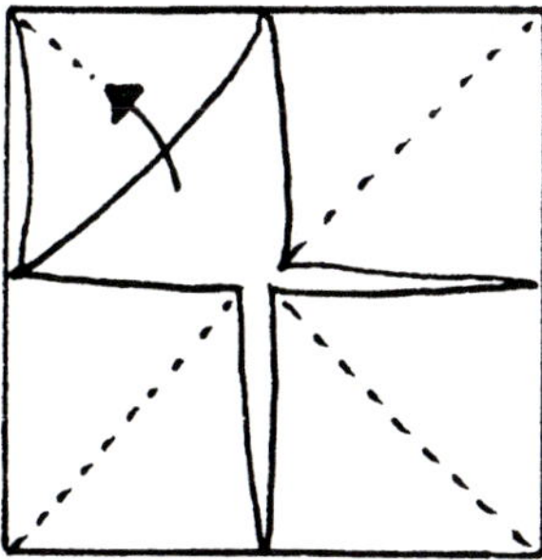

(5) Anschließend drehen Sie mit Ihrem Kind das Blatt um knicken es gemeinsam entlang der Mittelachse.

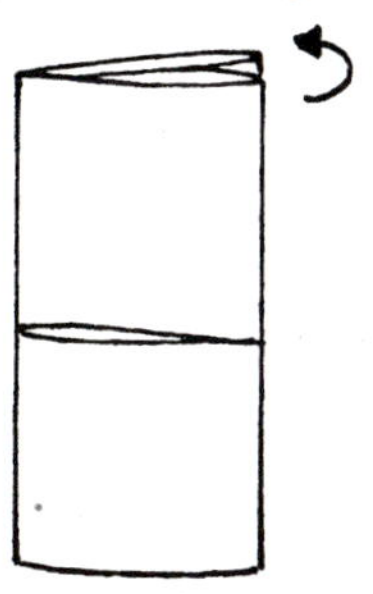

(6) Dann wird der letzte Schritt wieder zurückgefaltet. Anschließend knickt man das Ganze nochmals, diesmal jedoch entlang der anderen Mittelachse.

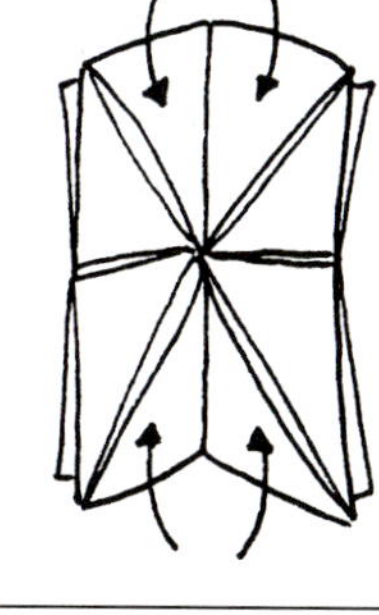

(7) Nun haben sich die „Fingerkammern" gebildet, die jetzt nur noch „ausgebeult" werden müssen. Dazu fährt man mit Daumen, Zeige-, Mittel- und Ringfinger jeweils in eine dieser „Fingerkammern" und öffnet das Ganze.

(8) Aus einem roten Karton schneidet man einen Kamm, Kehllappen und Schnabel aus und klebt sie auf. Abschließend bekommt das Huhn noch ein Auge aufgemalt – fertig.

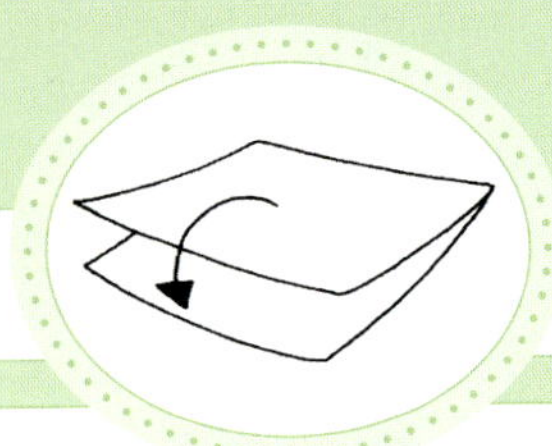

Dinosaurier-Sticker: ausmalen, ausschneiden, aufkleben

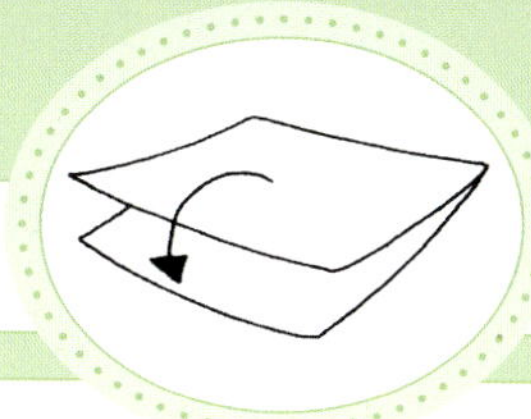

Der Wald in einer Box

Nehmen Sie einen alten Schuhkarton, die Kinder bemalen den Boden und die Wände in Waldfarben (Grüntöne, Brauntöne etc.) und lassen die Box gut trocknen. Sie schneiden alle Tiere und Pflanzen der Vorlage unten mit der Knickfalte aus. Sie legen die Knickfalte immer um, geben eine Schicht Klebstift oder Kleber darauf und kleben die Tiere und Pflanzen so nach Belieben in die Box.

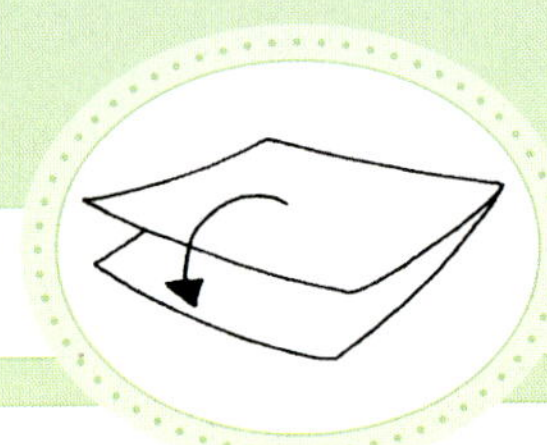

Papiervögel basteln

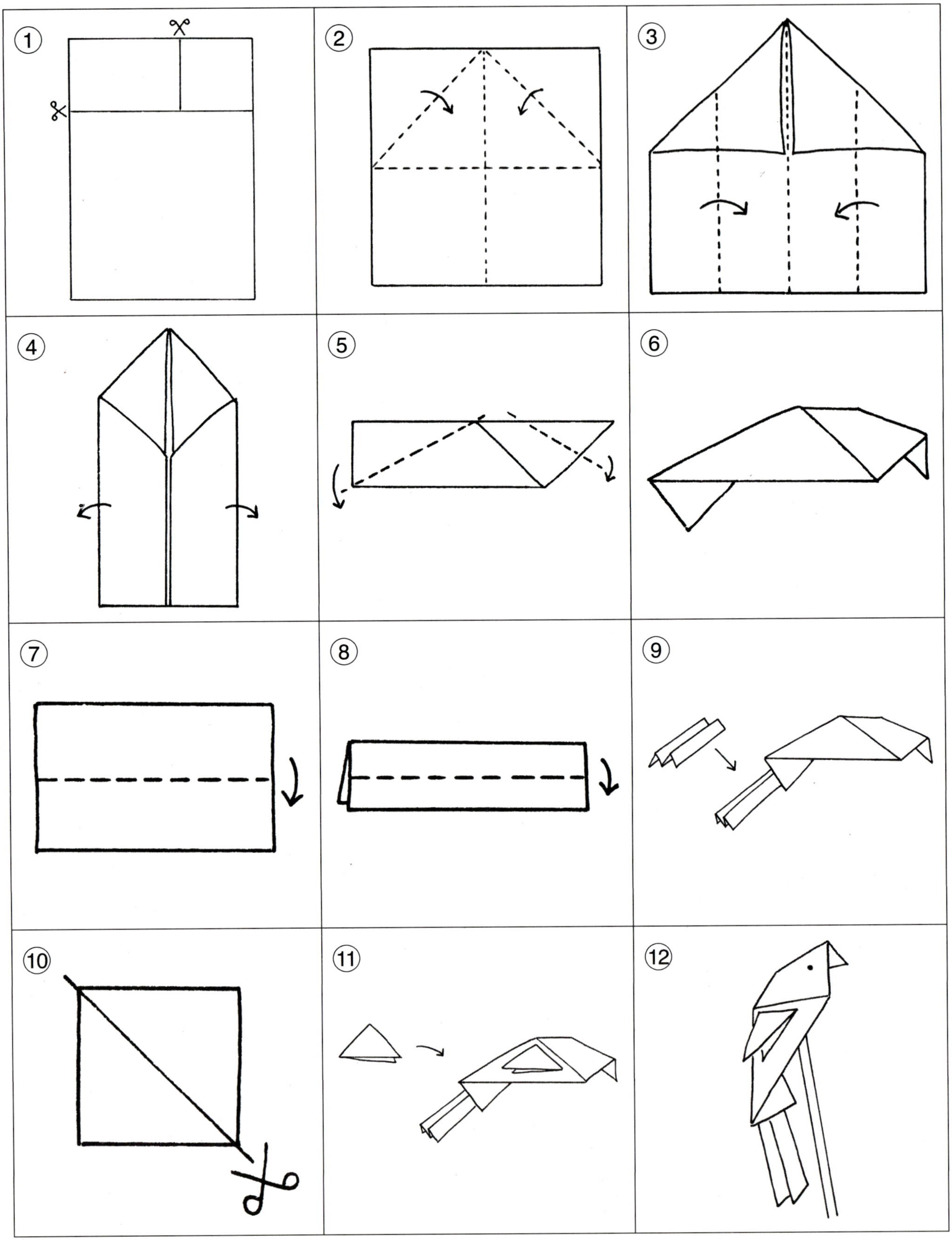

①	②	③
④	⑤	⑥
⑦	⑧	⑨
⑩	⑪	⑫

Bauen Sie gemeinsam ein eigenes Familien-Theater

①

②

③

④

⑤

⑥

⑦

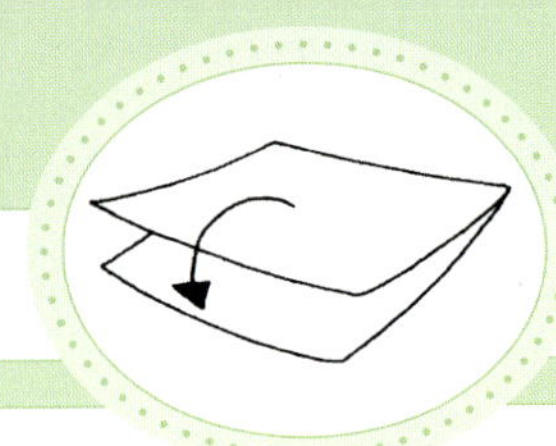

Weihnachten steht vor der Tür: Schöne Eisblumen zum Dekorieren

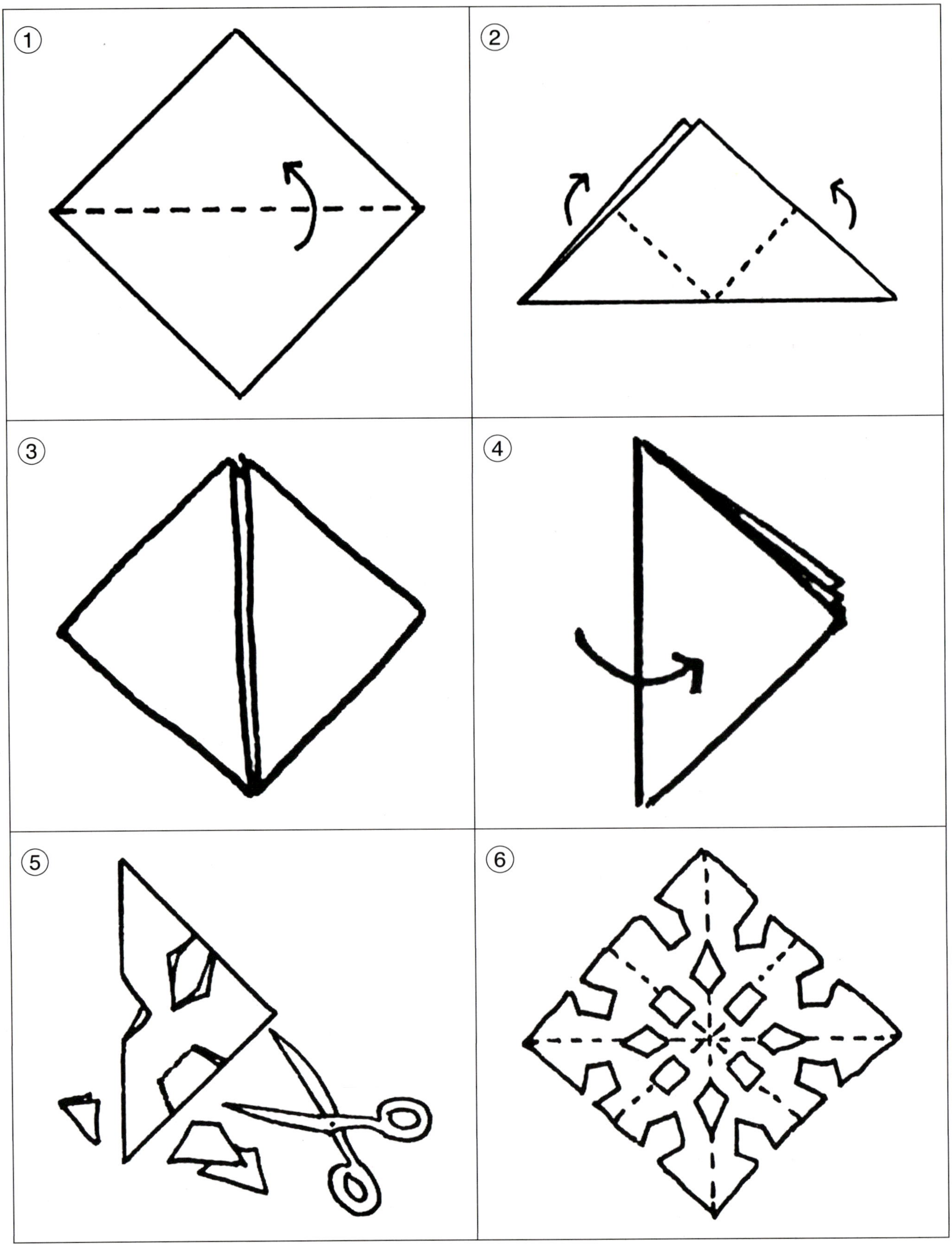

1

2

3

4

5

6

Jederzeit optimal vorbereitet in den Unterricht?